Theodor Fontane

Effi Briest

von Michael Hellwig

Ich danke an dieser Stelle den beteiligten Schülerinnen und Schülern des Widukind-Gymnasiums Enger sowie dem Fotografen Siegfried Baron dafür, dass sie Bildmaterial für die Unterrichtseinheit zur Verfügung gestellt haben.
Der Alten Nationalgalerie Berlin und dem Museum Oskar Reinhart in Winterthur / Schweiz danke ich für die Hilfe bei der Identifizierung und Datierung des Arnold-Böcklin-Bildes.

Unser Dank für die Einblicke in die Theaterarbeit gilt

- dem Anhaltischen Theater Dessau und der Theaterfotografin Claudia Heysel für Szenenfotos aus der „Effi-Briest"-Inszenierung 2008/09 von Tatjana Rese;
- dem Theater Aachen und Ursula Schelhaas für die Überlassung von Textauszügen aus der „Effi-Briest"-Fassung und für Szenenfotos von Theaterfotograf Carl Brunn, Inszenierung Kammer-Theater Aachen 2008 von Lukas Popovic, Dramaturgie Ann-Marie Arioli;
- dem Schauspiel Essen, Grillo Theater, und Christine Hoenmanns für die Überlassung von Szenentexten und den Aufnahmen von Theaterfotografin Diana Küster, Inszenierung 2008 von Cilli Drexel, Regie, Olaf Kröck, Dramaturgie;
- Ann-Marie Arioli, Chefdramaturgin am Theater Aachen, und Olaf Kröck, Dramaturg am Schauspiel Essen, für das Interview mit Michael Hellwig;
- Tatjana Rese, Berlin, für Textauszüge aus ihrer „Effi-Briest"-Theaterfassung und ihren Beitrag „Effi ist jetzt".

Günter Krapp, Krapp & Gutknecht Verlag GmbH

Die Seitenangaben beziehen sich auf die Textausgabe
Fontane, Theodor: Effi Briest, Hamburger Lesehefte Verlag – 171. Hamburger Leseheft.
Best.-Nr. H 171
Die Lesehefte können bei uns im Verlag bezogen werden.

Inhalt

Und immer wieder Effi (Vorwort) 4
Zur Konzeption der Materialien 5
Vorschläge für Weiterführungen bzw. Exkurse 7
Kreatives Arbeiten im Deutschunterricht 8
Vorschläge – weitere Aufgaben zum kreativen Arbeiten 9

Analyse
Orte, Zeit, Personen, Ereignisse 12
Zeitlicher Ablauf (Strukturskizze) 23

Die Romanfiguren
 Effi 24
 Innstetten 25
 Crampas 27
 Briest 27
 Luise von Briest 28
 Dagobert von Briest 28
 Alonzo Gieshübler 28
 Marietta Trippelli 29
 Johanna 29
 Roswitha 29
 Annie 29
 Wüllersdorf 30
 Bismarck 30
 Kessiner Landadel 31

Wenn Leben scheitern 31
Gesellschaftskritik? 32
Historisches Vorbild und historische Bezüge 34
Literarisches Handwerk 35

Materialien
M 1	Ein Bild von Effi I	37
M 2	Ein Leben in 36 Bildern – Fotoalbum	39
M 3	Romananfänge / erste Sätze	41
M 4	Erzählperspektiven	42
M 5	Orte – Lebensräume – Naturdarstellung	43
M 6	Peter Trom: „Deutscher Normal-Roman."	45
M 7	Sozialisation	47
M 8	„Innstetten ist ein Erzieher"	48
M 9/1	„Muss es sein?" – Gespräch zwischen Innstetten und Wüllersdorf	48
M 9/2	Zwischen Pflicht und Neigung	49
M 10	Die Männer um Effi	51
M 11	Arnold Böcklin: „Gefilde der Seligen"	52
M 12/1	„Weiber weiblich" – Rollenbilder	53
M 12/2	Mutter-Tochter-Beziehung	54
M 13	Pläne, Träume	55
M 14	R. D. Precht: Liebe – Ein unordentliches Gefühl	56
M 15	„Ich will meine Schuld nicht kleiner machen"	58
M 16	Ein Roman in seiner Epoche	59
M 17/1	„Effi Briest" auf der Bühne (Auszüge aus drei Bühnenfassungen)	61
M 17/1/1	Ann-Marie Arioli (Kammer-Theater Aachen, 2008)	62
M 17/1/2	Tatjana Rese (Anhaltisches Theater Dessau, 2008)	64
M 17/1/3	Olaf Kröck, Cilli Drexel (Schauspiel Essen, Grillo Theater, 2008)	66
M 17/2	Ein Roman auf der Bühne (Interview)	68
M 17/3	Im Banne des Chinesen	72
M 18	Ein Bild von Effi II	73
M 19	Marcel Reich-Ranicki: Brauchen wir einen Kanon?	74

Inhalt

Klausuren

Klausur 1	Gründe für Effis Untergang	76
Klausur 2	„Ruhe, Ruhe." – Effis Ende im Roman und auf der Bühne	77
Klausur 3	Aktualität und Bühnenadaption „Effi ist jetzt"	79
Klausur 4	„Wie findest du Effi?" – Effis Eltern im Gespräch, September 1880	81
Klausur 5	„Ich fühle, dass dies alles nichts ist." – Ein Gespräch zwischen Innstetten und Wüllersdorf, Mai 1890	81

Erläuterungen zu den Materialien

M 1	Ein Bild von Effi I	82
M 2	Ein Leben in 36 Bildern – Fotoalbum	83
M 3	Romananfänge / erste Sätze	84
M 4	Erzählperspektiven	86
M 5	Orte – Lebensräume – Naturdarstellung	88
M 6	Peter Trom: „Deutscher Normal-Roman."	91
M 7	Sozialisation	92
M 8	„Innstetten ist ein Erzieher"	93
M 9/1	„Muss es sein?" – Gespräch zwischen Innstetten und Wüllersdorf	97
M 9/2	Zwischen Pflicht und Neigung	97
M 10	Die Männer um Effi	99
M 11	Arnold Böcklin: „Gefilde der Seligen"	100
M 12/1	„Weiber weiblich" – Rollenbilder	102
M 12/2	Mutter-Tochter-Beziehung	103
M 13	Pläne, Träume	104
M 14	R. D. Precht: Liebe – Ein unordentliches Gefühl	106
M 15	„Ich will meine Schuld nicht kleiner machen"	107
M 16	Ein Roman in seiner Epoche	108
M 17/1	„Effi Briest" auf der Bühne (Auszüge aus drei Bühnenfassungen)	109
M 17/1/1	Ann-Marie Arioli (Kammer-Theater Aachen, 2008)	110
M 17/1/2	Tatjana Rese (Anhaltisches Theater Dessau, 2008)	110
M 17/1/3	Olaf Kröck, Cilli Drexel (Schauspiel Essen, Grillo Theater, 2008)	110
M 17/2	Ein Roman auf der Bühne (Interview)	112
M 17/3	Im Banne des Chinesen	113
M 18	Ein Bild von Effi II	114
M 19	Marcel Reich-Ranicki: Brauchen wir einen Kanon?	114

Erläuterungen zu den Klausuren

Klausur 1	Gründe für Effis Untergang	116
Klausur 2	„Ruhe, Ruhe." – Effis Ende im Roman und auf der Bühne	116
Klausur 3	Aktualität und Bühnenadaption „Effi ist jetzt"	117
Klausur 4	„Wie findest du Effi?" – Effis Eltern im Gespräch, September 1880	118
Klausur 5	„Ich fühle, dass dies alles nichts ist." – Ein Gespräch zwischen Innstetten und Wüllersdorf, Mai 1890	119

Kurzbiografien	120
Literatur	120
CD/DVD	121
Internetadressen	121

Die im Heft bei den Materialien verwendeten Symbole:

 Aufgabe

 Internet

 Klausur

 Schreibanlass

Szenisches Spiel/Theater

Vorwort

Und immer wieder Effi

Wer an die Epoche des poetischen Realismus denkt, denkt an Theodor Fontane (1819–1898). Und wer an Fontane denkt, denkt an den 1895 erschienenen Roman „Effi Briest". Seit Jahrzehnten befassen sich Schüler/-innen mit dem Schicksal der (zu) früh verheirateten Effi, die in der Ehe mit einem mehr als doppelt so alten Mann im hinterpommerschen Kessin vereinsamt, sich in eine Affäre mit einem anderen Mann flüchtet, die Jahre später entdeckt wird, woraufhin ihr Mann sich von ihr trennt und den ehemaligen Liebhaber(?) im Duell tötet. Gesellschaftlich isoliert und von der Tochter entfremdet, erkrankt sie und stirbt letztlich mit noch nicht einmal dreißig Jahren auf dem Gut ihrer Eltern in Hohen-Cremmen.

Nicht immer war „Effi Briest" Unterrichtsstoff, denn bis in die 1960er-Jahre hinein waren viele Lehrer/-innen der Überzeugung, „Eheromane" seien für Jugendliche ungeeignet. Das könnte sogar richtig (gewesen) sein, doch stellt sich die Frage, was „Eheroman" eigentlich heißt und ob „Effi Briest" denn als solcher gelesen werden muss – und selbst wenn, könnte er in einer Gesellschaft, in die die Problematik „Zwangsehe" hineingetragen worden ist, interessant sein.

Seit den 1980er-Jahren gehört „Effi Briest" zum „Literaturkanon" des Gymnasiums und wird vor allem als Gesellschaftskritik gelesen: Eine natürliche junge Frau, die für „alle Frauen" steht, wird Opfer einer verkrusteten, inhumanen, von männlichen Ehr- und Pflichtbegriffen geprägten Gesellschaft.

Dass Schüler/-innen sich auch mehr als hundert Jahre nach seiner Entstehung mit diesem Roman im Unterricht beschäftigen sollen, wird nicht (in erster Linie) literarhistorisch gerechtfertigt, sondern mit seiner Aktualität. Heutige gesellschaftliche Missstände werden auf der Folie „Effi Briest" thematisiert. Nach der Aktualität eines literarischen Werkes für seine Leser/-innen zu fragen, ist unerlässlich, besonders wenn die Lektüreentscheidung für den Unterricht gerechtfertigt werden muss. Dabei sollte Literaturunterricht auch dem Anspruch gerecht werden, Schülerinnen und Schülern ein Bewusstsein von kulturellen Traditionen zu vermitteln, aber allein damit die Beschäftigung mit einem so umfangreichen Roman zu begründen, wäre nach meiner Überzeugung zu wenig.

Was heutige Jugendliche an „Effi Briest" interessieren kann, lässt sich mit Stichworten wie Einsamkeit/Vereinsamung und Realisierung bzw. Scheitern von Träumen benennen. Losgelöst vom kultur-historischen Zeitkontext Fontanes finden sich Themenfelder wie das Verhältnis Individuum – Gesellschaft, Rollenbilder und das Zusammenleben von Mann und Frau, Treue und Verantwortung in einer Beziehung, Suche nach Glück und Selbstverwirklichung. Das hat auch mit gesellschaftlichen Normen zu tun, aber der Roman darf darauf nicht reduziert werden.

Letztlich darf man ein literarisches Werk nicht auf seine Inhalte reduzieren, sondern muss es als Kunstwerk in seiner Ästhetik würdigen. Und da Kunstwerke – trotz gelegentlicher gegenteiliger Aussagen ihrer „Schöpfer" – nicht einfach da sind, darf man auch danach fragen, wie sie „gemacht" wurden. Gerade bei einem Roman wie „Effi Briest", der sich so „leicht" liest und von dem sein Verfasser zunächst sagte, er habe „das Ganze träumerisch" geschrieben, ist diese Frage interessant. Diese Analyse ist auch wichtig, um nachzuvollziehen, wie Fontane seine Romanfiguren unterschiedlich mit Sympathien ausstattet. Durch die Auseinandersetzung mit Fragen zum literarischen Handwerk können Schüler/-innen außerdem für das eigene Schreiben lernen.

Zur Konzeption der Materialien

Zu Fontanes „Effi Briest" gibt es für Unterrichtende viele Veröffentlichungen, auch für Schüler/-innen stehen Interpretationshilfen in den Regalen. Bei wesentlichen Themen – wobei wesentlich auch durch die Obligatorik des Zentralabiturs definiert wird – gibt es Informationen inzwischen sogar in Form von Podcasts (www.abicast.de). Hier werden z. B. für „Effi Briest" neben einer Inhaltsangabe und Personencharakteristiken Informationen zur Sprache, zu den Zeithintergründen und zum Ehebruch als literarischem Thema im 19. Jahrhundert frei angeboten. Anders als bei zahlreichen Hausaufgaben- und Referateseiten im Internet sind die Verfasser/-innen hier offenbar nicht Schüler/-innen, sondern Lehrer/-innen.

Die Verführung, sich mehr mit Sekundärliteratur zu beschäftigen und dabei die eigene Auseinandersetzung mit dem Roman zu vernachlässigen, ist groß.

Natürlich ist es legitim, dass Schüler/-innen auf jegliche Informationsquellen zurückgreifen, die ihnen angeboten werden, aber bei der Unterrichtsplanung sollte die Existenz dieser Quellen berücksichtigt werden. Wenn Ergebnisse erarbeitet und nicht zusammenkopiert werden sollen, müssen Frage- bzw. Aufgabenstellungen so konstruiert und Materialien so ausgewählt werden, dass die Chance besteht, dass die Antworten sich noch nicht gedruckt oder digital in Schüler/-innen-Hilfen finden. Das macht manche Aufgabenstellungen (z. B. schriftliche Inhaltsangaben oder konventionelle Charakterisierungen) obsolet.

Das Lesen des Romans muss Grundvoraussetzung für die Arbeit mit ihm sein und bleiben, auch wenn die Zahl der Nicht- und Wenig-Leser/-innen zunimmt. Den Schülerinnen und Schülern muss aber – unabhängig vom ästhetischen Vergnügen – auch einleuchten, warum sie sich der „Mühe" des Lesens unterzogen haben. Deshalb steht in diesen Unterrichtsmaterialien die Textarbeit im Zentrum; die Beschäftigung mit Sekundärquellen ist integriert.

Teil I: Analyseteil

- Kapitelweiser Überblick über die Kapitel des Romans zur Orientierung
- Zeit, Orte und Stationen der Handlung
- Strukturübersichten
- Charakteristiken und Beziehungen der Figuren
- Hintergründe zu Theodor Fontane und zur Entstehung des Romans

Teil II: Materialien und Klausuren

Die Materialien stellen die persönliche Auseinandersetzung der Schüler/-innen mit den Romanfiguren und den Themen in den Mittelpunkt:

Heranführung an Effi Briest (Einstiegsreflexion)	M 1
Inhaltssicherung	M 2
Literarisches Handwerk: Romananfänge und Erzählperspektive	M 3, M 4
Orte, Lebensräume und Naturdarstellung	M 5
Effis Entwicklung, Innstetten, Pläne – Träume, Scheitern und Schuld	M 6 – M 15
Literarhistorische Einordnung des Romans	M 16
Künstlerische Rezeption auf der Bühne	M 17
Rückblick auf Effi Briest (Abschlussreflexion 1)	M 18
Aktualität des Romans (Abschlussreflexion 2)	M 19, M 14
Fünf Klausurvorschläge	Klausur 1 – Klausur 5

Teil III: Unterrichtshinweise zu den Materialien und ausführliche Lösungshilfen

An den Block der Materialien mit Aufgabenstellungen schließen sich mit analoger Nummerierung **Lösungshinweise sowohl zu den Aufgaben als auch zu den Klausuren** an.

Diese enthalten auch Hinweise für den unterrichtlichen Kontext.

Neben die „konventionelle" Analyse werden – auch wenn damit als Aufgabenart im Zentralabitur nicht zu rechnen ist – Aufgaben zum kreativen Arbeiten gestellt.

Konzeption der Materialien

Um die spätere Textarbeit zu erleichtern, sollten einzelne Untersuchungsaufgaben bereits begleitend zur Erstlektüre gestellt werden, denn gerade bei Längsschnittaufgaben kann die Suche später (selbst bei Rückgriff auf www.gutenberg.spiegel.de) sonst unnötig aufwändig werden.

Die Schüler/-innen sollten sich zu folgenden Aspekten Stichworte machen und Belegstellen heraussuchen:
- Chinese/Spuk
- Darstellung von Natur
- historische Ereignisse
- Erwähnung von Literatur, Musik, Bildender Kunst
- Notizen zu Orten, Zeit, Personen und Ereignissen
- eigene Fragen, die sie ansprechen und untersuchen möchten

Viele der Materialien sind so konzipiert, dass sie sozusagen der Stein sind, der in einen Teich geworfen wird und um dessen Einschlagstelle sich immer größer werdende Ringe bilden. Anders wäre es ohne eine Überfrachtung mit Materialien nicht möglich, dem Roman gerecht zu werden.

Viele Aufgaben sind als Längsschnittaufgaben angelegt. Falls gewünscht, ist an verschiedenen Stellen eine Differenzierung durch arbeitsteiliges Arbeiten möglich. Entscheidungen, welche Aufgaben im Unterricht bearbeitet werden sollten und welche als Hausaufgaben, wurden bewusst offen gelassen.

Die Abfolge der Materialien wurde so konzipiert, dass sie aufeinander aufbauen und sich ergänzen. Trotzdem ist bei knapper Zeit der Verzicht auf einzelne Aspekte denkbar; dies gilt am ehesten für literarisches Handwerk, Bühnenfassungen oder Kanon.

Die Klausurvorschläge decken die wesentlichen Aufgabenarten ab.

Verfilmungen und Bühnenadaptionen

Literatur hat häufig ihren Platz zwischen zwei Buchdeckeln verlassen und künstlerische Rezeption/Adaption in anderen Medien erfahren.

Dabei ist sicher den wenigsten Kinobesucherinnen und -besuchern bewusst, wie vielen Filmen literarische Vorlagen zugrunde liegen, denn nur auf einem Bruchteil von ihnen „klebt" das Etikett „Literaturverfilmung". Was deutschsprachige Literatur angeht, gehört „Effi Briest" mit fünf Versionen zwischen 1939 und 2009 sicher zu den am häufigsten verfilmten Stoffen. Deshalb gehört es inzwischen gleichsam zum Standardrepertoire, eine „Effi Briest"-Verfilmung im Unterricht zu behandeln.

„Der Schritt vom Wege" (D 1939), Regie: Gustav Gründgens
„Rosen im Herbst" (BRD 1955); Regie: Rudolf Jugert
„Effi Briest" (DDR 1968), Regie: Wolfgang Luderer
„Fontane – Effi Briest" (BRD 1974), Regie: Rainer Werner Fassbinder
„Effi Briest" (D 2009), Regie: Hermine Huntgeburth

Die Verfilmungen zeigen, dass der Roman seine Aktualität behalten hat. Dabei werden die Schwerpunkte unterschiedlich gesetzt. Eine Beschäftigung mit grundsätzlichen Fragen zum Thema „Literaturverfilmung" umfasst daher auch einen Vergleich der verschiedenen Umsetzungen.

Zwei Verfilmungen stehen als DVD zur Verfügung:
- „Fontane – Effi Briest" (BRD 1974), die Fassbinder-Verfilmung mit Hanna Schygulla
- „Effi Briest" (D 2009), mit Julia Jentsch, Regie Hermine Huntgeburth
  (für den 31. August 2009 als DVD angekündigt)

Weniger gängig scheint der Blick auf Bühnenadaptionen von Romanen bzw. dieses Romans zu sein, die es inzwischen zahlreich gibt. Deshalb soll bei der Beschäftigung mit der künstlerischen Rezeption von „Effi Briest" hier der Schwerpunkt gesetzt werden.

Die Materialien in **M 17** sind so konzipiert, dass sie sowohl einen Beitrag zur weiteren Auseinandersetzung mit Effi Briest ermöglichen als auch mit der Frage der Adaption des Romans für ein anderes Medium.

Konzeption der Materialien

Vorschläge für Weiterführungen bzw. Exkurse

Es ist ausgeschlossen, alle Fragestellungen, die sich bei der Beschäftigung mit dem Roman ergeben, tatsächlich zu bearbeiten und die Möglichkeiten hierzu in diesem Zusammenhang ausführlich darzustellen. Je nach Interessenlage und zur Verfügung stehender Zeit sind jedoch Weiterführungen bzw. Exkurse denkbar. Hierfür einige Vorschläge mit knappen Erläuterungen:

Fontanes Leben und Werk (Exkurs: Hintergrund)

Die Beschäftigung mit einem umfangreicheren literarischen Werk (Roman, Drama) sollte immer auch zu einer umfassenderen Beschäftigung mit dem/der Verfasser/-in genutzt werden. Das wird nur in Referatform geschehen können.

Literarischer Markt (Exkurs: Hintergrund bzw. literarisches Handwerk)

Im Anschluss an rezeptionsgeschichtliche Betrachtungen ließe sich auch untersuchen, wie Fontane auf den literarischen Markt und die Lesegewohnheiten seiner Zeitgenossen reagiert. In diesem Zusammenhang wäre ein Vergleich mit Werken erfolgreicher Kolportageschriftstellerinnen und -schriftsteller wie Hedwig Courths-Mahler, Eugenie Marlitt oder Karl May (hier weniger die Reiseromane, sondern das Frühwerk) interessant. Dadurch ließe sich auch die Frage nach Effis literarischer Sozialisation vertiefen. Manche dieser Werke sind – obwohl im Grundtenor konservativer als Fontane – deutlich freizügiger, was u. a. dazu geführt hat, dass Karl Mays Kolportageromane, als damit begonnen wurde, sie als Bücher für Jugendliche zu vermarkten, zum Teil erheblich „gereinigt" wurden.

Vergleich zwischen historischem Vorbild und Roman (Exkurs: literarisches Handwerk)

Fontane verwendet den Fall Ardenne nur in groben Zügen. Zu fragen wäre bei einer intensiveren Auseinandersetzung mit diesem Aspekt der Entstehung des Romans u. a., warum er sich löst und welche Konsequenzen eine nähere Anlehnung gehabt hätte.

Anspielungen, Verweise (Exkurs: literarisches Handwerk)

Fontane erwähnt in „Effi Briest" häufig andere literarische Werke, Bilder und Musikstücke. Darüber kann er implizit Atmosphäre schaffen, Situationen erläutern oder Personen und Räume charakterisieren. Diese Problematik lässt sich über das in den Unterrichtsmaterialien Vorgeschlagene hinaus vertiefen. Für die Materialrecherche ist in diesem Zusammenhang das Internet eine Hilfe (siehe u. a. die Literaturhinweise S. 120–121).

Rollo (Ergänzung: inhaltliche Auseinandersetzung)

Innstettens Neufundländer spielt eine wichtige Rolle im Roman. Durch sein Verhalten kommentiert Fontane vieles.

Religion (Ergänzung: inhaltliche Auseinandersetzung)

Interessant kann hier vor allem sein, wie sich Effis Haltung zur Religion vor dem Hintergrund der von ihr empfundenen Schuld verändert.

Rezeptionsgeschichte (Exkurs: Rezeption)

„Effi Briest" war Fontanes erfolgreichster Roman. Entsprechend intensiv war und ist die Auseinandersetzung mit ihm. Es wäre – wie bei den Verfilmungen und den Bühnenadaptionen – auch die Zeitgebundenheit der Rezeption zu thematisieren.

Zwangsehe, arrangierte Ehe (Exkurs: gesellschaftlicher Kontext)

In Kursen mit einem großen Anteil von Schülerinnen und Schülern mit Migrationshintergrund könnte es interessant sein, die Problematik der arrangierten Ehe Effis stärker in den Blick zu nehmen. Diese ist heute vielleicht sogar von größerer Brisanz, als es der „Fall Effi" 1895 sein konnte (siehe Zahlen dazu in Seilers Aufsatz S. 593). Zu beachten ist in diesem Zusammenhang, dass Frau von Briest, als sie am Ende nach einer möglichen Schuld der Eltern fragt, fragt, ob die Eltern sie „nicht anders in die Zucht hätten nehmen müssen" (S. 250, Z. 18), und nicht, ob es ein Fehler war, diese Ehe zu arrangieren. Zu überlegen wäre hier, ob das nur eine Frage der Fontane'schen Figur ist oder auch eine des Autors, der das Verhalten der Eltern nirgends in Frage zu stellen scheint.

Kreatives Arbeiten im Deutschunterricht

Kreatives Arbeiten im Deutschunterricht

Literatur ist kreatives Gestalten von Sprache, Literaturunterricht (weitestgehend) Analyse von Sprache. Dies gilt insbesondere unter den Bedingungen von Pflichtlektüren und Aufgabenstellungen für das Zentralabitur.
Exzessives Analysieren, das „Zerpflücken" wird von Schüler/-innen oft als Zwang (des Nachvollziehens) empfunden und kann das Lesevergnügen und die Lesebereitschaft verleiden.
Natürlich sind analytisch-kognitive Verfahren zur Erschließung von Texten unerlässlich, aber man kann und sollte sich ihnen auch auf andere Weise nähern.
Kreatives – oder, wie Lehrpläne und Fachliteratur mehrheitlich lieber vorsichtig formulieren, produktionsorientiertes – Arbeiten verfolgt mindestens zwei Ziele:

1. Wenn Schüler/-innen literarisches Handwerk erproben und reflektieren, erhalten sie einen anderen – durchaus auch kritischeren – Ansatz für den Umgang mit und das Verständnis von literarischen Texten.
   Als Ergänzung erweitern kreative und handlungsorientierte Methoden „produktiv das Verstehen" literarischer Texte. Eigene Schreibanlässe erschließen die Figuren und Situationen, sie beziehen das vorhandene Textverständnis ein und ermöglichen das Ausprobieren und Variieren. Schüler/-innen können damit auch Gestaltungsentscheidungen hinterfragen und über die Frage nach dem „Wie" auch eine Antwort auf die nach dem „Warum" finden.
   Sie sind selbst auch analytisch und eröffnen eine Grundlage für weitere fruchtbare analytische Verfahren.
   Im Sinne der Hirnforschung ausgedrückt: Die Methoden sollten die Fähigkeiten beider Hirnhälften aktivieren. Hier wird kreatives Arbeiten also in erster Linie für die Textanalyse funktionalisiert. Das sollte aber nicht alles sein.

2. Das zweite wichtige Ziel ist das der Kreativitätsförderung. Das bedeutet nicht „Dichter/-innen-Ausbildung", obwohl natürlich literarische Talente ein genauso selbstverständliches Recht auf Förderung in der Schule haben sollten wie alle anderen Sonderbegabungen.

Sprache ist und bleibt auch in einer stark (audio)visuell geprägten Zeit das wesentliche Medium der (Selbst)darstellung, und Kreativität wird heute in vielen Berufsfeldern gefordert, ohne dass damit ein künstlerischer Anspruch verbunden wäre. Intensive Kreativitätsförderung ist zwar nur in außerunterrichtlichen Strukturen möglich, doch ist dann nur eine Minderheit zu erreichen. Die Erfahrung, bei entsprechendem Engagement einen – im weitesten Sinne – literarischen Text schreiben zu können, sollten aber alle Schüler/-innen machen. Das hat auch etwas mit lehr- und lernbarem Handwerk zu tun, eine Erkenntnis, die sich „im Lande Goethes und Schillers", das sich weitgehend noch immer nicht vom Geniekult trennen zu können scheint, allerdings nur schwer durchsetzt. Entweder ist es einem „gegeben", dann wird man Dichter/-in, oder eben nicht, dann wird man – bestenfalls – Leser/-in. Und deshalb findet kreatives Schreiben in der Ausbildung von Lehrerinnen und Lehrern und in der Konsequenz im Unterricht in den Schulen nach wie vor kaum statt.

Wenn es „stattfindet", muss den Schülerinnen und Schülern Raum für die ernsthafte Auseinandersetzung mit ihren Texten gegeben werden. Dabei werden sie erfahren, dass das Schreiben literarischer Texte Arbeit ist, die im Grunde erst nach dem Niederschreiben der ersten Fassung richtig beginnt. Es genügt nicht, „Herzblut" zu vergießen. Texte müssen auf die Tragfähigkeit ihrer Aussagen und das Funktionieren ihrer Bilder hin überprüft werden.

In diesen Kontext lassen sich zwei Aussagen Fontanes zur Entstehung des Romans stellen:

„[...] Ja, die arme Effi! Vielleicht ist es mir so gelungen, weil ich das Ganze träumerisch und fast wie mit einem Psychographen geschrieben habe. Sonst kann ich mich immer der Arbeit, ihrer Mühe, Sorgen und Etappen erinnern – in *diesem* Falle gar nicht. Es ist so wie von selbst gekommen, ohne rechte Überlegung und ohne alle Kritik. [...]"
(Brief an Hans Hertz vom 2. März 1895)

Ähnliche Aussagen liest man häufiger, doch fällt es selbst dann schwer, sie zu glauben, wenn man kein Kokettieren unterstellen will. Ein Roman wie „Effi Briest", der von der ersten Seite an handwerklich so durchdacht erscheint, so voller Anspielungen und Vorausdeutungen ist, hat sich – zumindest in der vorliegenden Form – nicht „wie von selbst" geschrieben.

Kreatives Arbeiten im Deutschunterricht

Fontane bestätigt das:

„[…] Ich habe das Buch wie mit dem Psychographen geschrieben. Nachträglich, beim Korrigieren, hat es mir viel Arbeit gemacht, beim ersten Entwurf gar keine. Der alte Witz, daß man Mundstück sei, in das von irgendwoher hineingetutet wird, hat doch was für sich […]"

(Brief an Paul Schlenther vom 11. November 1895)

Lehrer/-innen sollten den „Mut" finden, auch die Ergebnisse kreativen Arbeitens zu benoten. Kriterien hierfür lassen sich auch den Schülerinnen und Schülern vermitteln. Eine Hilfe für alle Beteiligten können Produktionserläuterungen sein („Erläutern Sie, was Sie warum wie geschrieben haben"). Zunächst einmal verpflichten sie die Schreibenden, ihre Entscheidungen zu reflektieren. Darüber hinaus geben sie den Lehrerinnen und Lehrern eine objektivierbarere Beurteilungsbasis. Vielleicht ist die Erfahrung „beruhigend", dass viele Schüler/-innen in dieser Situation Texte schreiben, deren Qualität zum Teil deutlich über sonst gezeigten Leistungen liegt. Beurteilen sollte jedoch gerade beim kreativen Arbeiten nicht ausschließlich Benoten bedeuten. Wichtig ist das Beraten. Und das bedeutet ein deutlich individuelleres Eingehen auf Schüler/-innen, als dies bei nichtfiktionalen Texten der Fall ist, für die sich leichter Normen/Raster vorgeben lassen.

Die an die Beschäftigung mit „Effi Briest" angebundenen kreativen Aufgaben können zum Teil im Unterricht bearbeitet werden. Umfangreichere sollten eher in die Hausaufgabe verlagert werden, um im Unterricht mehr Zeit für das gemeinsame Gespräch zu haben. Auch nimmt das den Schülerinnen und Schülern den Druck des „Auf-Befehl-spontan-kreativ-sein-Sollens". Wenn während des Unterrichts geschrieben wird, sollten „Rückzugsmöglichkeiten" geschaffen werden, da die räumliche Enge normaler Klassenräume zum Teil als hinderlich empfunden wird. Verschiedene Aufgaben finden sich im Materialteil, und es wird sich zeigen, dass kreatives Arbeiten im Deutschunterricht nicht nur Schreiben heißen muss.

Vorschläge – weitere Aufgaben zum kreativen Arbeiten

Über die im Materialteil angebotenen Aufgaben zum kreativen Arbeiten hinaus sind weitere denkbar (die ausgewählten Vorschläge folgen weitestgehend der Chronologie des Romans):

An M 3, Aufgabe 3c ließe sich die folgende Aufgabe anschließen:

Die Schüler/-innen schreiben jeweils einen „ersten Satz" auf einen Zettel. Entweder werden die verschiedenen Sätze Mitschülerinnen und Mitschülern zugelost, die dann jeweils eine Geschichte dazu schreiben (wobei es interessant wäre, wenn die „Satzerfinder/-innen" auch ihre Geschichte dazu schrieben). Oder es wird ein „erster Satz" ausgewählt, zu dem alle Schüler/-innen ihre Geschichten schreiben.

Grundsätzlich ist es auch denkbar, dass ähnlich mit den von den Schülerinnen und Schülern zusammengestellten Romananfängen gearbeitet wird. Hier besteht allerdings das Risiko, dass – zumindest bei bekannten Sätzen – die bekannten Geschichten nacherzählt werden.

In jedem Fall werden die Schüler/-innen erkennen bzw. bestätigt finden, welch unterschiedliche Erwartungen und Fantasien ein Satz auslöst.

Die verschiedenen Szenen aus M 17/1 und M 17/3 könnten gespielt werden.

Als Einschub vor S. 13 f.: Gespräch von Effis Eltern, ob sie einer Ehe Effis mit Innstetten zustimmen sollen.

Hier sollte gefragt werden, warum es dieses Gespräch bei Fontane nicht gibt. Entsprechende Fragen ließen sich auch bei den meisten anderen Aufgaben anschließen.

Mögliche Antworten in diesem Fall sind z. B.:
- Die Ehe als solche würde deutlicher problematisiert, als es im Sinne des Autors ist.
- Solange die Eltern zustimmen, macht es keinen Unterschied, warum sie es tun.
- Grundsätzlich beschränkt sich Fontane – wie jede/r Autor/-in – auf das, was für Verständnis und Fortgang des Geschehens wichtig ist.

Bei allen Gesprächen gibt es für die Umsetzung die Alternative, sie zu schreiben oder zu spielen.

Kreatives Arbeiten im Deutschunterricht

Im Anschluss an das Gespräch Effis mit den Jahnke-Zwillingen über die Verlobung (S. 16):
– „Zeitreise-Gespräch" mit heutigen Altersgenossinnen.
– Dabei sind zwei Varianten denkbar:
  Die Effi des Jahres 1878 trifft auf heutige Jugendliche.
  Effi hat sich als heutige 17-Jährige verlobt.

Im Anschluss an S. 17: Schreiben der Briefe von Innstetten und Effi während der Verlobungszeit.
Generell könnten die Briefe Innstetten und Effi (noch) deutlicher charakterisieren.
Die Briefe Innstettens, zu deren Inhalt Fontane anders als zu denen Effis gar keine Andeutungen macht, könnten sein(e) Motiv(e) für den Heiratsantrag deutlich machen.
Effis Briefe würden vermutlich zeigen, wie wenig Effi bewusst ist, was mit der Ehe tatsächlich auf sie zukommt.

Gespräch Innstettens mit einem Freund, warum er Effi heiraten will.
Dieser Freund müsste erfunden werden, weil es im Roman vor dem Umzug nach Berlin (Wüllersdorf) keine Vertrauensperson gibt.
Von Bedeutung für den Verlauf des Gesprächs ist, ob der Freund Effi kennt oder nicht.
Beide Varianten sollten durchgespielt werden.

Im Anschluss an S. 22: Effis Fantasien über das Leben in Kessin.
Die Schüler/-innen sollten über die geeignete Form (Brief, Gespräch; Adressat/-in, Gesprächspartner/-inn/en) selbstständig entscheiden.

Im Anschluss an die „Antrittsbesuche" beim Kessiner Landadel (S. 57) und/oder an das Weihnachtsessen in der Oberförsterei Uvagla (S. 136):
Gespräch Sidonie von Grasenabbs mit (einer) Freundin(nen) über Effi.

Im Anschluss an S. 82–85: Antwortbrief Frau von Briests auf Effis Brief vom 31. Dezember 1878, in dem sie sich doch zum Thema „Spukhaus" äußert.
Denkbar wäre auch ein Brief an ihren Schwiegersohn.
Zumindest im Zusammenhang mit dem zweiten Brief müsste gefragt werden, welche Konsequenzen er für das weitere Romangeschehen hätte.

Als Einschub zwischen den Kapiteln 14 und 15 (S. 99): Erzählen des Aufenthalts in Hohen-Cremmen nach Annies Taufe.

Im Anschluss an S. 136: Effi spricht sich mit Innstetten aus.
Wichtig wäre hier außer der Frage, wie der Roman dann weiterginge, vor allem die, warum Effi nicht mit Innstetten spricht (Mit wem könnte Effi sonst sprechen?).

Antwortbrief auf den Brief eines Lesers / einer Leserin mit folgender Frage: „Sehr geehrter Herr Fontane, warum verzichten Sie auf die Darstellung der heimlichen Treffen zwischen Effi und Crampas?"
Tenor möglicher Antworten: „Ich arbeite in meinem Roman viel mit Gesprächen, Effi und Crampas haben sich aber im Grunde nichts zu sagen." / „Es geht um Sexualität; diese will und kann ich nicht darstellen. Das ist, wie Effi im Gespräch mit ihren Freundinnen sagt, ‚genant'. Was hier geschieht, überlasse ich Ihrer Fantasie." / „Ich will keinen Voyeurismus bedienen." Denkbar sind auch Antworten, die Sexualität als Element der Beziehung zwischen Effi und Crampas ausschließen.

Kreatives Arbeiten im Deutschunterricht

Zu S. 166, Z. 13 f.: Brief Innstettens nach Berlin, in dem er Effi zur Rückkehr auffordert.

Gespräch im Ministerium während Innstettens Festungshaft.
Was aus den in Kapitel 25 (S. 186–190) zusammengefassten knapp sechs Jahren ließe sich erzählen?

Zu S. 196 f.: Briefe von Effi an Crampas
Durch solche Briefe – wobei wahrscheinlich besonders interessant die vor und nach dem Brief wären, in dem Crampas eine gemeinsame Flucht ablehnt – kann das Verhältnis zwischen Effi und Crampas genauer untersucht werden. Als Weiterführung wäre ein Briefwechsel zweier Schüler/-innen als Effi und Crampas denkbar.

Zu S. 215, Z. 30:
a) „Rekonstruktion" des ersten Teils des Briefes von Frau von Briest an ihre Tochter nach der Trennung von Innstetten und Effi.
b) Gespräch zwischen Effis Eltern, bevor Frau von Briest diesen Brief schreibt.
    In diesem Zusammenhang könnte diskutiert werden, warum nicht der Vater schreibt.

Entwurf einer Todesanzeige für Effi.
Hier wäre interessant, wie offen Hintergründe des Todes angesprochen werden; und wenn überhaupt, wie sie gedeutet werden.

Analyse

Orte, Zeit, Personen, Ereignisse

Zur Erleichterung der schnellen Orientierung im Roman wird im Folgenden ein kapitelweiser Überblick gegeben. Genannt werden die Orte, an denen der Roman spielt; die Daten des Geschehens, die teilweise genannt werden und teilweise rekonstruierbar sind; die handelnden Personen (in runden Klammern Randfiguren, in eckigen Klammern ergänzend auch wichtige Personen, über die gesprochen oder in Briefen geschrieben wird) und eine knappe Zusammenfassung des Geschehens.

Erstes Kapitel (Seite 5–11)

Ort: Hohen-Cremmen (Herrenhaus)

Zeit: Sommer (1878, rekonstruiert*)

Personen: Effi, Frau von Briest, Bertha und Hertha Jahnke, Hulda Niemeyer, (Wilke), [Husarenoffizier Klitzing, Innstetten]

Ereignisse: Effi und ihre Mutter handarbeiten im Garten des (relativ genau beschriebenen) Herrenhauses von Hohen-Cremmen. Effi unterbricht gelegentlich für Gymnastikübungen. Mutter und Tochter unterhalten sich über Kindsein oder Frausein. Effis Freundinnen Hertha, Bertha und Hulda kommen zu Besuch. Die vier unterhalten sich über das Thema „Heirat". Effi erzählt von dem bevorstehenden Besuch des Barons Geert von Innstetten, der vor rund zwanzig Jahren in einer Beziehung zu Effis Mutter stand, die dann aber den wesentlich älteren Ritterschaftsrat von Briest heiratete.

Zweites Kapitel (Seite 11–14)

Ort: Hohen-Cremmen (Herrenhaus)

Zeit: Sommer 1878 (derselbe Tag wie in Kapitel 1)

Personen: Effi, Bertha und Hertha Jahnke, Hulda Niemeyer, Frau von Briest, Herr von Briest, Innstetten

Ereignisse: Effi spielt mit ihren Freundinnen. Im Gespräch äußert sie sich kritisch über Innstettens Alter. Effis Mutter unterbricht das Spiel, da Innstetten angekommen ist. Sie bringt die überraschende Neuigkeit, dass Innstetten um Effis Hand angehalten hat, und rät zur Heirat. Effi antwortet nicht. Hertha ruft Effi aus dem ersten Zusammentreffen mit Innstetten hinaus in den Garten.

---

* In der Literatur werden zwar die Jahre 1877 und 1878 genannt, doch sprechen die folgenden Fakten für 1878: Bei dem Bild „Insel der Seligen", das Vetter Dagobert Effi in der Nationalgalerie zeigt (S. 18), handelt es sich nach allgemeiner Überzeugung um „Gefilde der Seligen" des schweizer Malers Arnold Böcklin (1827–1901).
„Das Bild ist nach Auskunft der Alten Nationalgalerie eine Auftragsarbeit gewesen, wurde im August 1878 fertiggestellt, anders als andere Bilder Böcklins, der nicht unumstritten war, tatsächlich durch die Nationalgalerie angekauft und dort ab Ende September 1878 – also im Grunde einige Wochen nach dem erzählten Besuch – ausgestellt. Seit dem Ende des Zweiten Weltkriegs ist es verschollen, eine frühere Fassung, ein Entwurf, ist im Besitz des Museums Oskar Reinhart in Winterthur/Schweiz."
Der zweite Hinweis auf 1878 findet sich in dem Gespräch, das Innstetten am 2. Dezember mit dem alten Güldenklee führt; man hatte „über Wahl, Nobiling und Raps gesprochen" (S. 56). Der Landwirt Dr. Karl Eduard Nobiling übte am 2. Juni 1878 ein Attentat auf Kaiser Wilhelm I. aus und starb einige Monate später an den Folgen eines Selbsttötungsversuchs. Es erscheint nicht wahrscheinlich, dass das z. B. ein Jahr später noch Thema bei einem solchen Besuch gewesen wäre; 1877 wäre es unmöglich gewesen. Bei den Wahlen dürfte es sich um Reichstagswahlen handeln (die zwar 1877 [10. Januar] und 1878 [30. Juli] stattfanden, 1877 als Gesprächsthema aber wohl auch zu lange zurück lägen). Die Wahlen, deretwegen Innstetten nicht an dem letzten Ausritt mit Effi und Crampas teilnehmen kann (S. 109), müssten dann die Wahlen zum Preußischen Abgeordnetenhaus sein, die allerdings bereits am 30. September und 7. Oktober 1879 stattfanden; Fontane datiert/rechnet hier möglicherweise also ungenau, was auch an anderen Stellen punktuell geschieht (siehe unten Kapitel 24). Effi und Innstetten wollen nach dem Umzug nach Berlin ursprünglich zu den Passionsspielen nach Oberammergau (S. 176), die 1880 stattgefunden haben; bei der früheren Datierung fände der Urlaub bereits 1879 statt. Das Mausoleum für den 1888 gestorbenen Kaiser Friedrich III. (S. 244) wurde in den Jahre 1888 bis 1890 gebaut. Hier hat Fontane ungenau gerechnet, was selbst für eine Datierung des Romanbeginns auf das Jahr 1877 gilt.

Analyse

Drittes Kapitel (Seite 15–19)

Ort: Hohen-Cremmen (Herrenhaus, Pastorenhaus, Haus des Kantors), Berlin (Hôtel du Nord, Kranzler, Zoologischer Garten, Nationalgalerie)

Zeit: Sommer 1878 (derselbe Tag wie in Kapitel 1 / Folgetag / Folgewochen*)

Personen: Effi, Innstetten, Frau von Briest, Herr von Briest, Hulda Niemeyer, Frau Pastorin Niemeyer, Pastor Niemeyer, Bertha und Hertha, Vetter Dagobert von Briest

Ereignisse: Effi und Innstetten verloben sich noch am selben Tag. Effis Vater hält eine als etwas unangemessen aufgenommene Rede. Gleich nach Ende des Verlobungsmahls besucht Effi ihre Freundinnen. Innstetten muss zurück nach Kessin, Kontakt haben die Verlobten über Briefe. Mutter und Tochter Briest fahren nach Berlin, um für die Aussteuer einzukaufen. Begleitet werden sie dort von Effis Vetter Dagobert, der für Unterhaltung sorgt. U. a. zeigt er in der Nationalgalerie das Bild „Insel der Seligen".

Viertes Kapitel (Seite 19–28)

Orte: Berlin, Hohen-Cremmen (Herrenhaus)

Zeit: Sommer 1878 (derselbe Tag wie am Ende von Kapitel 3 / Ende August / 2. September / 9. September [„eine Woche später"; S. 23])

Personen: Effi, Frau von Briest, Vetter Dagobert, (Pastor Niemeyer, Kantor Jahnke, Bertha und Hertha Jahnke, Hulda Niemeyer, Wilke), [Innstetten, Vetter Dagobert]

Ereignisse: Nach der Rückkehr aus Berlin werden Vorbereitungen für Polterabend und Hochzeit getroffen, die Effi wenig interessieren. Sie fantasiert allerdings von der Zukunft. Ihre Mutter gibt Ratschläge und versucht, Effis zum Teil überzogene Vorstellungen zu relativieren. Es deutet sich ein ungeklärtes Verhältnis zum Vetter Dagobert an, der deutlich jünger ist als Innstetten, für dessen Brief Effi kaum Interesse zeigt. Effi und ihre Mutter sprechen über Effis Vorstellungen von der Ehe, es gibt erste Zeichen von Unzufriedenheit mit Innstetten. Die Mutter scheint einen Rückzug von den Eheplänen anzubieten, was Effi nicht will, obwohl sie sich vor Innstetten „fürchtet".

Fünftes Kapitel (Seite 29–35)

Ort: Hohen-Cremmen (Herrenhaus), (Hochzeitsreise: München, Vicenza, Padua)

Zeit: Herbst 1878 (2./3. Oktober [in Rückschau] / Folgetag / 7. Oktober [„Drei Tage später"; S. 33] und Folgewochen)

Personen: Effi, Herr von Briest, Frau von Briest, (Hertha und Bertha Jahnke, Hulda Niemeyer, Pastor Niemeyer, Wilke, Berliner Hochzeitsgäste), [Effi, Innstetten, Vetter Dagobert]

Ereignisse: Polterabend und Hochzeit am 2./3. Oktober werden nur knapp aus der Rückschau erzählt. Briest und seine Frau unterhalten sich über das junge Ehepaar. Briest ist der Ansicht, dass seine Frau besser zu Innstetten gepasst hätte, und ist auch sonst etwas skeptisch. Auch seine Frau ist nicht ganz ohne Bedenken. Bei beiden richten sich die Bedenken eher gegen Effi als gegen Innstetten. Sie werden durch Effis Karten und einen Brief von der Hochzeitsreise, die eine Bildungsreise ist, informiert.

---

* Schrägstriche zwischen den Daten kennzeichnen Sprünge im Erzählverlauf.

Analyse

Sechstes Kapitel (Seite 35–43)

Orte: Berlin, Kessiner Umland, Kessin (Wohnhaus)
Zeit: 14. November 1878
Personen: Effi, Innstetten, Dagobert, Kutscher Kruse, der „Pole" Golchowski, (Friedrich, Johanna, Christel, Apotheker Gieshübler), [Menschen in Kessin]
Ereignisse: Rückkehr von der Hochzeitsreise mit Kurzaufenthalt in Berlin. Fahrt nach Kessin, Begegnung mit dem „Polen" Golchowski. Innstetten beschreibt Effi die Menschen in und um Kessin, wobei gewisse Vorurteile gegenüber den Kaschuben deutlich werden. Effi meint, Exotisches zu sehen und freut sich darauf. Erster Hinweis auf einen geheimnisvollen Chinesen. Im neuen Wohnhaus werden sie vom Personal, dem Hund Rollo und einem Geschenk des Apothekers Gieshübler empfangen.

Siebentes Kapitel 7 (Seite 43–49)

Ort: Kessin
Zeit: 15. November 1878
Personen: Effi, Johanna, Innstetten, [Menschen in Kessin]
Ereignisse: In der ersten Nacht hat Effi nicht gut geschlafen, da sie „gespenstische" Geräusche gehört hat. Johanna erklärt sie mit zu langen Gardinen im Saal im Obergeschoss. Effi ist von dem Haus beeindruckt, lässt etwas ihre Fantasie spielen. Innstetten wehrt Effis Wunsch, die Gardinen zu kürzen, ab. Erwartung des Antrittsbesuchs von Gieshübler.

Achtes Kapitel (Seite 49–54)

Orte: Kessin (Wohnhaus)
Zeit: 15. November 1878
Personen: Effi, Innstetten, Alonzo Gieshübler
Ereignisse: Gieshübler verspätet sich, Innstetten muss ins Landratsamt, Effi denkt über den Rundgang mit ihm durch das Haus nach, bei dem ihr Mann mehrere Veränderungsvorschläge ohne Diskussion abgeblockt hat. Auf einem Sessel entdeckt Effi das Bild eines Chinesen. Gieshübler kommt zu Besuch und ist von Effi hingerissen.

Neuntes Kapitel (Seite 54–64)

Orte: Kessin (Stadt, Wohnhaus, Landratsamt), Umland von Kessin (u. a. Papenhagen bei den Güldenklees)
Zeit: Herbst 1878 (Mitte bis Ende November / 2. Dezember / 9. Dezember / 14. Dezember)
Personen: Effi, Innstetten, der alte Güldenklee, Bismarck [auch wenn er nicht persönlich erscheint], Johanna, Rollo, (Honoratioren von Kessin, benachbarter Landadel, Frau Kruse, Friedrich, Frau Paaschen), [Innstetten, Effi, der Chinese]
Ereignisse: Pflichtbesuche bei den Honoratioren in der Stadt und beim Landadel im Umland. Effi wird besonders von den Frauen kritisch betrachtet. Innstetten scheint auf eine politische Karriere zu spekulieren. Effi fühlt sich einsam, als Innstetten am 14. Dezember ohne sie zum Fürsten Bismarck nach Varzin muss. Sie will zur Ablenkung lesen, stößt aber ausgerechnet auf eine „Gruselgeschichte". Effi macht sich selbstkritische Gedanken über ihre Rolle. In der Nacht hat sie einen Albtraum, glaubt, der Chinese habe an ihrem Bett gestanden und ruft Johanna. Innstetten soll nichts von ihren Ängsten erfahren. Am Abend hatte sich Johanna mit Frau Paaschen, der Frau des Amtsdieners, über Effi unterhalten.

Analyse

Zehntes Kapitel (Seite 64–73)

Orte: Kessin (Wohnhaus), Umland von Kessin (u. a. das Grab des Chinesen)

Zeit: 15. Dezember 1878

Personen: Innstetten, Johanna, Effi, (Friedrich, Kruse), [der Chinese, Marietta Trippelli, Bismarck, Kapitän Thomsen, Pastor Trippel]

Ereignisse: Johanna berichtet Innstetten trotz Effis gegenteiliger Bitte von Effis Alptraum. Innstetten reagiert fürsorglich, Effi gegenüber aber vor allem rational und mit Hinweisen auf seine Karriere, will den Spuk nicht ernst nehmen, worüber Effi, die die Wohnung wechseln möchte, nicht glücklich ist. Nach einer Einladung Gieshüblers zu einem Konzert der Sängerin Marietta Trippeli scheint sie sich zu fangen. Sie spricht mehrfach von ihrem Ehrgeiz. Während einer Schlittenfahrt ins Umland, um Effi aufzuheitern, erzählt Innstetten Effi die Geschichte des Chinesen.

Elftes Kapitel (Seite 73–79)

Orte: Umland von Kessin (Gasthaus „Zum Fürsten Bismarck"), Kessin (Gieshüblers Haus)

Zeit: 15. Dezember 1878

Personen: Innstetten, Effi, Golchowski, Trippelli, Gieshübler, (Witwe Trippel, Pastor Lindequist)

Ereignisse: Innstetten und Effi essen im Gasthaus „Zum Fürsten Bismarck". Golchowski, der Wirt, sorgt für Tratsch. Einem vorbeifahrenden Zug sieht Effi sehnsuchtsvoll nach. Am Abend unterhält sich Effi länger mit der Trippelli, von deren Persönlichkeit sie beeindruckt ist. Sie „beichtet" ihre Ängste und wird von der Trippelli im Grundsatz bestätigt.

Zwölftes Kapitel (Seite 79–85)

Orte: Kessin (Gieshüblers Haus, Wohnhaus)

Zeit: Dezember 1878 (15. / 18. / Weihnachten / 31.)

Personen: Effi, Trippelli, Innstetten, (Pastor Lindequist, Gieshübler, Johanna, Christel), [der Chinese]

Ereignisse: Innstetten und Effi beurteilen die Trippelli unterschiedlich. Weihnachten geht vorüber. Am 31. Dezember schreibt Effi einen langen Brief an ihre Mutter. Sie beklagt ihre Ängste und Einsamkeit, von denen Innstetten nichts erfahren dürfe. Effi möchte zur Geburt ihres Kindes im Sommer nach Hohen-Cremmen fahren.

Dreizehntes Kapitel (Seite 85–96)

Orte: Umland von Kessin, Kessin (Ort, Wohnhaus, Dünenweg zum Strandhotel, Strandhotel, Dünenfriedhof)

Zeit: 1879 (Winter / April / Anfang Juni / Mitte Juni / 24. Juni [Johannistag])

Personen: Effi, Innstetten, Crampas, (Landadel, Gieshübler, Crampas' Frau, Frau Kruse, Witwe des Requisitors Rode, Verwandte der Witwe Rode, Pastor Lindequist, Roswitha, Badegäste), [Crampas, der Chinese]

Ereignisse: Effi langweilt sich, weil es kaum gesellschaftliche Kontakte und Zerstreuung gibt. Auch die Ehe erscheint ihr eher als Routine, ohne „Huldigungen". Nur Gieshübler schafft Ablenkung. Effi sehnt sich fast nach dem Spuk-Chinesen. In einem der jetzt zahlreichen Briefe an die Mutter berichtet sie von der Ankunft eines neuen Landwehrbezirkskommandeurs, Major von Crampas, eines „Damenmannes". Die ersten Badegäste kommen Mitte Juni. Effi unterhält sich damit, sie zu beobachten. Einige Wochen später trifft sie bei einem Spaziergang auf dem Dünenfriedhof die ehemalige Bedienstete eines verstorbenen Badegastes, Roswitha. Sie ist ihr trotz einer gewissen Direktheit sympathisch und wird von ihr als Kindermädchen eingestellt.

Analyse

Vierzehntes Kapitel (Seite 96–99)

Orte: Kessin (Wohnhaus, Landratsamt, Kirche, Ressourcen-Hotel)
Zeit: Sommer 1879 (24. Juni / 25. Juni / 3. Juli / 15. August)
Personen: Effi, Roswitha, Innstetten, Crampas, (Johanna, Annie, Landadel, Pastor Lindequist, Sidonie von Grasenabb, von Borcke, Gieshübler)
Ereignisse: Innstetten stimmt der Einstellung Roswithas zu. Sie wird bei Effi im Schlafzimmer einquartiert. Effi findet es tröstlich, dass Roswitha keine Spukgeräusche hört. Am 3. Juli (exakt neun Monate nach der Hochzeit) wird die Tochter Annie geboren und am 15. August getauft. Bei der Taufe beginnt Effi, mit Crampas zu „flirten".

Fünfzehntes Kapitel (Seite 99–106)

Orte: Hohen-Cremmen (Herrenhaus), Kessin (Wohnhaus, vor allem Veranda des Wohnhauses)
Zeit: Spätsommer / Frühherbst 1879 (Mitte August bis Ende September [im Rückblick] / Ende September / 27. September)
Personen: Effi, Briest, Innstetten, Crampas, (Hulda, Hertha und Bertha, Kantor Jahnke, Frau von Briest, Roswitha), [Innstetten, Rollo, Bismarck]
Ereignisse: Ein sechswöchiger Aufenthalt Effis, Annies und Roswithas in Hohen-Cremmen wird in der Rückschau erzählt. Effi unterhält sich viel mit dem Vater, wobei es zu kritischen Gedanken zum Leben in Kessin kommt. Nach der Rückkehr entwickelt sich ein flirtend-kokettierendes Gespräch mit Innstetten, der – zu Effis Freude – etwas „Verführerisches" an seiner Frau entdeckt. Ein zufälliger Besuch von Crampas am 27. September auf der Veranda bei Effi und Innstetten entwickelt sich teilweise wieder zu einem Flirt. Effi sagt zu, an der Gestaltung eines Ressourcen-Abends, den Crampas organisiert, mitzuwirken.

Sechzehntes Kapitel (Seite 106–112)

Orte: Kessin (Wohnhaus, Veranda), Kessiner Umland (vor allem Strand)
Zeit: Herbst 1879 (Ende September bis Anfang Oktober / Mitte Oktober / Ende Oktober bis Anfang November)
Personen: Effi, Innstetten, Crampas (Crampas' Frau, Knut, Kruse), [Innstetten]
Ereignisse: Crampas kommt regelmäßig bei Effi und Innstetten zu Besuch; er wird zum „Freund der Familie". Effi setzt durch, dass sie mit Innstetten und Crampas ausreiten darf. Crampas zeigt sich als ein Mann, der deutlich weniger auf Ordnung und Regeln Wert legt als Innstetten, was Effi anspricht. Während Innstetten dienstlich mit dem Wahlkampf zu tun hat, reiten Crampas und Effi allein aus – nur begleitet von Kruse und Knut. Crampas sät bei Effi Zweifel an Innstetten, indem er u. a. von dessen zwiespältiger Haltung gegenüber Spuk erzählt und ihm unterstellt, damit seine Karriere fördern und Effi „erziehen" zu wollen.

Siebzehntes Kapitel (Seite 112–119)

Orte: Kessin (Wohnhaus), Kessiner Umland (Strandweg, Strand)
Zeit: November 1879 (derselbe Tag wie am Ende von Kapitel 16 / Mitte November)
Personen: Effi, Innstetten, Crampas, (Kruse), [verschiedene literarische Figuren]
Ereignisse: Ein letzter Ausritt von Effi und Crampas (Innstetten kann im letzten Moment nicht teilnehmen) bringt die beiden (letztlich auf Initiative Effis) einander näher. Ein Gespräch über Heine und die Liebe in seinen Gedichten dient als „Verständigungskanal", auch Gedichte von Goethe und Brentano werden thematisiert.

Analyse

Achtzehntes Kapitel (Seite 120–128)

Orte: Kessin (Wohnhaus, Ressource), Kessiner Umland (Oberförsterei Uvagla und Weg dorthin)

Zeit: Spätherbst/Winter 1879 (Ende November/Anfang Dezember/24. Dezember/27. Dezember)

Personen: Effi, Innstetten, Crampas, Annie, Cora Ring, eine der Töchter des Oberförsters, (Gieshübler, Johanna, Roswitha, Pastor Lindequist, Doktor Hannemann, Oberförster Ring, Frau Ring, Sidonie von Grasenabb), [Crampas]

Ereignisse: Effi versucht sich zu überzeugen, dass zwischen ihr und Crampas nichts Verbotenes geschehen sei. Crampas hält sich in der nächsten Zeit von Effi fern. Innstetten plant eher „lehrreiche" Winterabende, und Effi ist froh, diesen durch ihre Beteiligung an einem Ressourcen-Abend entgehen zu können. Aufgeführt wird Ernst Wicherts Lustspiel „Ein Schritt vom Wege". Crampas ist Regisseur. Innstetten ist stolz auf Effis Leistung und Wirkung. In einem Gespräch über Crampas warnt Innstetten recht deutlich vor ihm, was Effi zustimmend aufnimmt. Insgesamt ist ihre Haltung zwiespältig.
Eine weihnachtliche Schlittenpartie zur Oberförsterei Uvagla bringt ein Zusammentreffen mit Crampas. Cora, die Tochter des Oberförsters Ring, erinnert Effi an sich selbst als Kind.

Neunzehntes Kapitel (Seite 128–136)

Orte: Kessiner Umland (Oberförsterei Uvagla und Weg von dort zurück, vor allem Schloon)

Zeit: 27. Dezember 1879

Personen: Crampas, Innstetten, Cora Ring, Sidonie von Grasenabb, Güldenklee, (Pastor Lindequist, Oberförster Ring, Landadel, Borcke, Gieshübler, Dr. Hannemann, Kruse)

Ereignisse: Weihnachtsessen bei Oberförster Ring in Uvagla. Die vierzehnjährige Cora Ring „flirtet" mit Crampas, der das Spiel mitzumachen scheint. Sidonie von Grasenabb ist insgesamt moralisch empört. Patriotische Auswüchse in einer Tischrede Güldenklees. Auf der Heimfahrt muss Innstetten Gieshüblers Schlitten fahren. Sidonie von Grasenabb drängt sich in Effis Schlitten und versucht, sie zu missionieren. Der Schloon behindert die Weiterfahrt. Bei der Umfahrung sind Effi und Crampas allein in dem Schlitten. Effi fürchtet sich, als sie durch den Wald fahren, und beschwört Clemens Brentanos Gedicht „Die Gottesmauer" herauf. Crampas nähert sich ihr in eindeutiger Absicht, Effi wehrt ihn nicht ab.

Zwanzigstes Kapitel (Seite 137–145)

Orte: Kessin (Wohnhaus), Strand, Dünenwege

Zeit: Winter 1879/1880 (28. Dezember/Silvester/3. Januar/5. Januar/Mitte Januar bis Mitte Februar)

Personen: Innstetten, Effi, Crampas, Gieshübler, Ritterschaftsrätin von Padden, (Frau von Titzewitz, Johanna, Roswitha), [Crampas]

Ereignisse: Innstetten ist über die Schlittenfahrt verärgert und beunruhigt. Effi stoppt ihn mehr oder weniger mit seinen eigenen Argumenten bezüglich unerwünschter öffentlicher Aufmerksamkeit. Innstetten warnt Effi ausdrücklich vor Crampas. Auf dem Silvesterball führt Effi ein recht offenes Gespräch über „moralische Anfechtungen" mit der alten Ritterschaftsrätin von Padden. Ein englisches Schiff wird aus Seenot geborgen. Als diskutiert wird, ob Kessin Garnisonsstadt werden soll, fühlt sich Effi gefangen. Einladungen des Landadels entzieht sie sich durch eine vorgeschobene Krankheit. Effi macht regelmäßige Spaziergänge; wenn Roswitha sie abholen soll, verpassen die zwei einander meist. (Fontane beschränkt sich auf sehr vage Andeutungen, dass Effi Crampas trifft.) Crampas reist dienstlich nach Stettin, Innstetten nach Berlin. Bei der Verabschiedung bringt er den Spuk ins Gespräch.

Analyse

Einundzwanzigstes Kapitel (Seite 145–155)

Orte: Kessin (Wohnhaus)

Zeit: Mitte/Ende Februar 1880 (vier Tage nach Innstettens Abreise nach Berlin / Folgetage / Tag vor Innstettens Rückkehr / Tag von Innstettens Rückkehr)

Personen: Effi, Crampas, Roswitha, Innstetten (Gieshübler, Kruse, Annie), [Vetter Dagobert]

Ereignisse: Nach Crampas' Rückkehr aus Stettin nimmt Effi ihre Spaziergänge wieder auf. Sie beobachtet, wie Kruse versucht, mit Roswitha anzubändeln, und warnt diese davor, sich mit einem verheirateten Mann einzulassen. Roswitha erzählt ihr von ihrem unehelichen Kind und der Verstoßung durch die Familie. Als Innstetten aus Berlin zurückkehrt, bemerkt er, dass Effi sich verändert hat. Er scheint mit ihr zu flirten. Effi verneint seine Frage, ob sie sich hätte vorstellen können, ihren Vetter Dagobert zu heiraten. Innstetten macht Karriere und wird nach Berlin ins Ministerium wechseln. Effi zeigt eine so deutliche Erleichterung, dass Innstetten (wieder einmal) Verdacht schöpft. Effi schützt sich vor weiteren Nachfragen, indem sie behauptet, der Spuk habe sie wieder geängstigt. Gleichzeitig wirft sie ihm vor, den Spuk als Erziehungsmittel genutzt zu haben.

Zweiundzwanzigstes Kapitel (Seite 155–161)

Orte: Kessin (Wohnhaus, Gieshüblers Apotheke, Bollwerk), Schiff, Bahnhof

Zeit: Februar/März 1880 (Tag nach Innstettens Rückkehr aus Berlin / Folgetage / Tag vor Effis Abreise nach Berlin / Abreisetag)

Personen: Effi, Innstetten, Gieshübler, Crampas, (Roswitha, Golchowski), [Trippelli]

Ereignisse: Effi will auf Wohnungssuche nach Berlin und erreicht, dass sie schnell fahren darf. Obwohl sie offiziell nur für wenige Tage fährt, verabschiedet sie sich endgültig von Gieshübler. Effi schreibt einen Abschiedsbrief an Crampas, in dem sie sich die Schuld für die Beziehung gibt. Crampas erscheint beim Ablegen des Schiffes.

Dreiundzwanzigstes Kapitel (Seite 162–171)

Orte: Berlin (Bahnhof Friedrichstraße, „Pension" Dorotheenstraße / Ecke Schadowstraße, Wohnung Keithstraße 1c)

Zeit: März 1880 (Ankunftstag in Berlin [derselbe Tag wie am Ende von Kapitel 22] / Folgetage und -wochen bis 24. März / 25. März) (Fontane scheint in Kapitel 22 und 23 etwas ungenau zu rechnen; es scheint mehr Zeit zu vergehen, als die festen Daten möglich machen.)

Personen: Effi, Frau von Briest, Vetter Dagobert, Roswitha, Annie, Geheimrat Rummschüttel, [Innstetten]

Ereignisse: In Berlin wird Effi von ihrer Mutter und Vetter Dagobert empfangen. Sie zieht die Wohnungssuche in die Länge, und als Innstetten auf ihre Rückkehr drängt, täuscht sie Krankheit vor, weil sie auf keinen Fall noch einmal nach Kessin will. Der behandelnde Arzt, Geheimrat Rummschüttel, durchschaut sie, spielt ihr Spiel aber mit. Effi erkennt, dass sie durchschaut wurde. Effi setzt erleichtert auf einen Neuanfang.

Analyse

Vierundzwanzigstes Kapitel (Seite 171–185)

Orte: Berlin (Wohnung Keithstraße, Helms, Hiller, Belvedere, [Ministerium]), Rügen (Saßnitz – Hotel Fahrenheit, Stubbenkammer, Herthasee), Kopenhagen/DK (Hotel auf Kongens Nytorv, Thorwaldsen-Museum, Tivoli), Seeland/DK, Jütland/DK (Schloss Aggerhuus), Hohen-Cremmen (vor allem Herrenhaus)

Zeit: Frühjahr / Sommer / Frühherbst 1880 (28. März / Folgetag / Folgetag 1. April [Rechenfehler] / Folgewochen / Mitte August / Tag nach der Ankunft auf Rügen [Mitte August] / übernächster Tag / Folgetage und -wochen / Ende September [Ankunft in Hohen-Cremmen / Tag nach der Abreise Innstettens aus Hohen-Cremmen] / 2. Oktober)

Personen: Effi, Innstetten, Frau von Briest, Briest, (Vetter Dagobert, Roswitha, Anni, Johanna, Thora von Penz, Hertha und Bertha Jahnke, Pastor Niemeyer, Kantor Jahnke), [Effi, Innstetten]

Ereignisse: Innstetten kommt nach Berlin. Effi setzt auf einen Neuanfang. Johanna, die als einzige Bedienstete neben Roswitha mit nach Berlin gezogen ist, hat das Bild des Chinesen mitgebracht. Man lebt sich gut in Berlin ein. Ferien auf Rügen werden abgebrochen, weil der Dorfname Crampas Effi beunruhigt, was sie Innstetten allerdings nicht sagt. Weiterreise nach Dänemark (Kopenhagen und Jütland). Rückkehr nach Berlin über Hohen-Cremmen, wo Annie und Roswitha den ganzen Sommer waren und Effi einige Tage länger bleibt als Innstetten. Briest macht sich Sorgen über seine Tochter. Auch ihre Mutter sieht die Situation eher kritisch. Effi erinnert sich an den Tag ihrer Verlobung und an Crampas. Sie ist beunruhigt, dass sie schuldig geworden ist, aber keine Schuldgefühle hat. Sie hat in erster Linie Angst, dass Innstetten doch noch etwas herausfindet.

Fünfundzwanzigstes Kapitel (Seite 186–190)

Orte: Berlin (Bahnhof, Tiergarten, Wohnung Keithstraße)

Zeit: 3. Oktober 1880 / Folgejahre bis 24. Juni 1886

Personen: Effi, Innstetten, (Geheimrat Wüllersdorf, Vetter Dagobert, Landgerichtsrat Gizicki und Frau, Ministerin, Kaiserin, Kaiser, Briest, Frau von Briest, Annie, Geheimrat Rummschüttel, Roswitha), [Crampas]

Ereignisse: Effi und Innstetten versuchen, sich mehr in das gesellschaftliche Leben Berlins einzubringen, um auch gesellschaftlich voranzukommen, was alles in allem auch gelingt. Der Schatten von Crampas tritt nur allmählich in den Hintergrund. Annie bleibt Einzelkind. [Sechs Jahre werden mehr oder weniger übersprungen.] Wegen der Kinderlosigkeit verordnet Rummschüttel Effi eine Kur. Bei den Reisevorbereitungen unterhalten sich Effi und Roswitha über die katholische Beichte.

Sechsundzwanzigstes Kapitel (Seite 190–194)

Orte: (Ems), Berlin (Wohnung Keithstraße)

Zeit: Ende Juli 1886, eineinhalb Wochen vor Effis Rückkehr

Personen: Effi (nur als Briefschreiberin), Innstetten, Annie, Johanna, Roswitha, (Landgerichtsrat Gizicki, Geheimrat Wüllersdorf), [Geheimrätin Zwicker]

Ereignisse: Effi ist mehrere Wochen zur Kur in Schwalbach und Ems und berichtet von dort brieflich ausgesprochen glücklich. Kurz vor ihrer Rückkehr, für die Landgerichtsrat Gizicki auf Roswithas Bitte hin ein Begrüßungsgedicht schreibt, verletzt sich Annie bei einem Sturz. Bei der Suche nach einem Verband brechen Johanna und Roswitha Effis Nähtisch auf, in dem sich u. a. ein Bündel Briefe befindet.

Analyse

Siebenundzwanzigstes Kapitel (Seite 194–201)

Orte: Berlin (Wohnung Keithstraße)
Zeit: Ende Juli 1886 (direkt im Anschluss an das Ende von Kapitel 26)
Personen: Innstetten, Annie, Geheimrat Wüllersdorf, (Johanna, Geheimrat Rummschüttel), [Effi, Crampas]
Ereignisse: Beim Aufräumen wird Innstetten auf die Briefe aufmerksam und erkennt, dass sie von Crampas stammen. Völlig aufgewühlt bittet er Geheimrat Wüllersdorf, Crampas seine Forderung zum Duell zu überbringen und ihm zu sekundieren. Die beiden diskutieren über die Notwendigkeit des Duells. Innstetten sieht keine Möglichkeit, darauf zu verzichten.

Achtundzwanzigstes Kapitel (Seite 201–205)

Orte: Kessiner Umland (Bahnhof, Dampfschiff, Dünen), Kessin (Hoppensackscher Gasthof, [ehemaliges Innstetten'sches Wohnhaus])
Zeit: Ende Juli 1886 (Folgetag von Kapitel 27)
Personen: Innstetten, Geheimrat Wüllersdorf, Crampas, (Kapitän des Dampfschiffes, Crampas' Sekundant Buddenbrook, Doktor Hansemann)
Ereignisse: Innstetten fährt nach Kessin, wo man über das bevorstehende Duell Bescheid zu wissen scheint. Ein letztes vorbereitendes Gespräch mit Wüllersdorf findet statt. Es wird deutlich, dass Crampas nach erstem Erschrecken resigniert. Das Duell findet statt. Innstetten erschießt Crampas, der ihm noch etwas sagen will, aber nicht mehr kann.

Neunundzwanzigstes Kapitel (Seite 205–210)

Orte: Zug von Kessin nach Berlin, Berlin (Wohnung Keithstraße)
Zeit: Ende Juli 1876 (am Abend desselben Tages wie in Kapitel 28 / Folgetag)
Personen: Innstetten, Johanna, Roswitha, (Annie, Minister, Portier in Innstettens Wohnhaus), [Gieshübler]
Ereignisse: Auf der Rückfahrt nach Berlin kommen Innstetten erhebliche Zweifel an der Sinnhaftigkeit seines Verhaltens, da er Liebe und Glück „einem Begriff zuliebe" geopfert habe. Zu Hause bereitet er die Trennung vor. Die Presse berichtet über das Duell. Johanna und Roswitha sprechen über das Geschehene, sind aber unterschiedlicher Meinung.

Dreißigstes Kapitel (Seite 210–214)

Orte: Ems (Effis Urlaubswohnung)
Zeit: Ende Juli / Anfang August 1876 (ungefähr vier Tage nach dem Duell)
Personen: Effi, Geheinrätin Zwicker, (Afra, Postbote Böselager), [Johanna, Innstetten]
Ereignisse: Effi und die Geheimrätin Zwicker unterhalten sich über Männer und „Sünde". Effi wartet seit mehreren Tagen vergeblich auf Post von Innstetten. Sie erhält einen Brief der Mutter, öffnet ihn in Gegenwart der Geheimrätin Zwicker und bricht nach einem ersten Blick in den Brief in ihrem Zimmer zusammen.

Analyse

Einunddreißigstes Kapitel (Seite 215–218)

Orte: Ems (Effis Urlaubswohnung)

Zeit: Ende Juli / Anfang August 1876 (direkt im Anschluss an Kapitel 30)

Personen: Effi, Geheimrätin Zwicker, Frau von Briest (als Briefschreiberin), (Afra)

Ereignisse: Frau von Briest kündigt Effi brieflich die Trennung von Innstetten an. Sie sagt materielle Hilfe zu, untersagt aber eine Rückkehr nach Hohen-Cremmen; weniger aus Sorge vor persönlicher gesellschaftlicher Isolierung, als weil man „Farbe bekennen" müsse. Effi bricht den Kuraufenthalt ab. Geheimrätin Zwicker erfährt trotz Effis Schweigen von den Hintergründen und kritisiert in einem Brief an eine Freundin den „Duellunsinn".

Zweiunddreißigstes Kapitel (Seite 219–229)

Orte: Berlin (Effis Wohnung Königgrätzer Straße, Pensionat, Wohnung der Ministerin), (Festung Glatz)

Zeit: Sommer 1889, [Rückblick auf Sommer 1886 und Folgezeit – dieser beginnt als weiter Rückblick 28. September 1886 aus: Anfang August 1886 (Anschluss an Kapitel 31) / Folgewochen bis 28. September / 1. Oktober / Weihnachten / Anfang 1887 / Folgejahre bis Sommer 1889], Sommer 1889 (drei Tage nach zufälligem „Zusammentreffen" mit Annie)

Personen: Effi, Geheimrat Rummschüttel, Pensionatsgäste, Roswitha, (Pensionatsbetreiberinnen, Hausmädchen im Pensionat, Malprofessor), [Annie, Innstetten, Johanna, Gieshübler, Rollo]

Ereignisse: Drei Jahre nach der Trennung von Innstetten lebt Effi isoliert in einer kleinen Wohnung in der Königgrätzer Straße. Roswitha ist aus Innstettens Haushalt zu ihr gekommen. Geheimrat Rummschüttel betreut sie nach wie vor. Effi hatte zunächst versucht, in einer Pension zu leben, hielt es aber unter den anderen Frauen nicht aus. Innstetten hatte wegen des Duells sechs Wochen Festungshaft verbüßen müssen, wurde dann aber vom Kaiser begnadigt. Effi lebt einsam, eine der seltenen Abwechslungen sind Malstunden. Effi wünscht sich eine Begegnung mit Annie. Sie sieht sie zufällig in der Pferdebahn, flieht aber vor ihr. Einige Tage später bittet sie die Ministerin, ein Treffen mit Annie zu vermitteln.

Dreiunddreißigstes Kapitel (Seite 230–233)

Orte: Berlin (Effis Wohnung Königgrätzer Straße)

Zeit: Sommer 1889 (zwei Tage nach Ende von Kapitel 32)

Personen: Effi, Ministerin, Annie, Roswitha, [Johanna, Rollo]

Ereignisse: Innstetten folgt, offenbar gegen eigene Überzeugung, der Bitte der Ministerin und gestattet Annie einen Besuch bei der Mutter. Dieser wird zum Fiasko, weil Effi keinen Zugang zu dem zurückhaltenden Kind findet. Eine empörte Effi bricht den Besuch ab, wütet danach gegen Innstetten, der ihr das Kind mit menschenverachtender Grausamkeit entfremdet habe. Roswitha findet eine ohnmächtige Effi.

Analyse

Vierunddreißigstes Kapitel (Seite 233–238)

Orte: Berlin (Effis Wohnung Königgrätzer Straße), Hohen-Cremmen (Herrenhaus, Schulhaus, Pfarrhaus), [Kessin, Wisby, Rügen]

Zeit: Sommer 1889 (direkter Anschluss an Kapitel 33 / zwei Tage später) / 1890 („sechs Monate später" / Anfang April)

Personen: Effi, Rummschüttel, Roswitha, Frau von Briest, Briest, (Kantor Jahnke, Pastor Niemeyer), [Ritterschaftsrätin von Padden, Gieshübler]

Ereignisse: Nach Effis Zusammenbruch bittet Geheimrat Rummschüttel Effis Eltern, sie in Hohen-Cremmen aufzunehmen, was sie – vor allem auf Drängen des Vaters – auch tun. Im Gespräch der Eltern wird deutlich, dass die „Verstoßung" eine Initiative der Mutter war. Effi lebt nur wenig auf. Außer mit ihren Eltern hat sie praktisch nur mit Kantor Jahnke und Pastor Niemeyer Kontakt. Effi spricht mit Pastor Niemeyer vom Sterben.

Fünfunddreißigstes Kapitel (Seite 238–245)

Orte: Hohen-Cremmen (Herrenhaus), Berlin (Innstettens Wohnung Keithstraße 1c)

Zeit: Frühjahr 1890 (April / Mai / einige Tage später im Mai)

Personen: Effi, Briest, Frau von Briest, Roswitha, Innstetten, Geheimrat Wüllersdorf, (Doktor Wiesike, Johanna, Minister [als Briefschreiber], [Rollo])

Ereignisse: Effi wird wieder krank, hat offenkundig keinen Lebenswillen mehr. Den Vorschlag von Doktor Wiesike, nach Italien zu fahren, lehnt sie ab. Sie will nicht mehr aus Hohen-Cremmen fort. Innstetten wird zum Ministerialdirektor befördert, kann sich darüber aber nicht richtig freuen. Er spricht mit Wüllersdorf über seine Empfindungen, sieht sein Leben letztlich als gescheitert an. Innstetten erhält einen Brief von Roswitha, in dem sie um Rollo als Begleiter für Effi bittet.

Sechsunddreißigstes Kapitel (Seite 245–250)

Orte: Hohen-Cremmen (Herrenhaus), Hohen-Cremmener Umland

Zeit: 1890 (Mai / Juni / Sommer / Ende August / Ende September)

Personen: Effi, Rollo, Briest, Frau von Briest (Doktor Wiesike, Roswitha, Wilke), [Innstetten]

Ereignisse: Rollo kommt nach Hohen-Cremmen und begleitet Effi auf ihren Spaziergängen. Sie setzt sich zu sehr kühler Luft aus und erkrankt erneut ernsthaft. Wissend, dass sie sterben wird, erklärt sie sich als mit Innstetten versöhnt und bittet ihre Mutter, ihm das mitzuteilen. In einem Gespräch mit ihrem Mann an Effis Grab, auf dem ein Stein mit ihrem Geburtsnamen Effi Briest liegt, fragt Frau von Briest nach der Verantwortung der Eltern für Effis Schicksal. Für Briest ist das „ein zu weites Feld" (S. 250).

Zeitlicher Ablauf

Strukturskizze Zeitablauf
(Die Übersicht beschränkt sich auf die wesentlichen Stationen)

1878

- Verlobung Effis und Innstettens Vorbereitung der Hochzeit (u. a. Berlinreise) Sommer 1878
- Hochzeit (im Rückblick) 3. Oktober 1878
- Hochzeitsreise nach Italien Herbst 1878
- Ankunft in Kessin erster nächtlicher „Spuk" 14. November 1878
- Innstettens Besuch bei Bismarck Albtraum vom Chinesen 14. Dezember 1878
- Besuch bei Gieshübler Zusammentreffen mit Marietta Trippelli 15. Dezember 1878

1879

- Einstellung Roswithas 24. Juni 1879
- Geburt Annies 3. Juli 1879
- Besuch von Crampas auf der Veranda 27. September 1879
- Ausritte Effis mit Crampas Herbst 1879
- letzter herbstlicher Ausritt Mitte November 1879
- Fest in Uvagla Fahrt durch den Schloon 27. Dezember 1879

1880

- Wiederaufnahme der Spaziergänge von Effi und Crampas Februar 1880
- Effis „Flucht" nach Berlin zur Vorbereitung des Umzugs März 1880
- Einzug in die Berliner Wohnung Keithstraße 28. März 1880

1886

- Innstetten entdeckt Crampas' Briefe an Effi Innstettens Duell mit Crampas Ende Juli 1886
- Effi erfährt, dass Innstetten sich von ihr trennt Ende Juli / Anfang August 1886

1889

- gescheitertes Treffen Effis mit Annie Sommer 1889
- Effi darf nach Hohen-Cremmen zurückkehren Sommer 1889

1890

- Tod Effis Sommer 1890

Die Romanfiguren

Effi

Effi Briest ist die Tochter des Ritterschaftsrates von Briest und seiner Frau Luise, geborene von Belling. Zu Beginn des Romans ist Effi 17 Jahre alt. Sie ist das einzige Kind und scheint entsprechend verwöhnt worden zu sein, was ihr auch bewusst ist (S. 127, Z. 1–20). Sie wirkt verspielt, fantasiebegabt und träumerisch („Tochter der Luft."; S. 6, Z. 23), ist der Mutter zu wild und leidenschaftlich in ihren Gefühlsäußerungen (S. 6, Z. 39 f.).

Aufgewachsen ist sie in dem paradiesähnlichen Schutzraum des Rittergutes Hohen-Cremmen. Ohne lange zu überlegen, willigt sie in die von den Eltern arrangierte Ehe mit dem 21 Jahre älteren Baron Geert von Innstetten ein. Sie hat nur unklare, romantische Vorstellungen von der Ehe (S. 16, Z. 21–29) und der Liebe (S. 28, Z. 3–8), sodass sie keinerlei Zweifel an der Richtigkeit der Entscheidung hat. Außerdem verspricht ihr diese Ehe den gewünschten gesellschaftlichen Aufstieg. Dieses Karrieredenken betont Effi wiederholt (S. 16, Z. 21 ff.; S. 66, Z. 5 f.), es wird aber auch von anderen erkannt (S. 24, Z. 40 f.; S. 28, Z. 17–20, S. 33, Z. 1–22). Dabei muss man berücksichtigen, dass ihre Mutter in dieser Hinsicht „Vorbild" für Effi ist, sowohl durch ihre eigene Ehe als auch in ihrer Argumentation für die Ehe mit Innstetten (S. 14, Z. 19–22). Gesellschaftlicher Aufstieg scheint Effi letztlich sogar vor Liebe zu gehen (S. 26, Z. 17–29; S. 31, Z. 21–28; S. 69, Z. 30–35). Als Innstetten „nur" als Ministerialrat und nicht als Minister nach Berlin geht, wirkt Effi enttäuscht (S. 153, Z. 17–24).

Effi ist alles andere als anspruchslos (S. 19, Z. 11–23; eine Aussage des auktorialen Erzählers, die dadurch besondere „Beweiskraft" erhält). Was sie vom Leben vor allem erwartet, sind jedoch nicht materielle Güter, sondern Huldigungen und Zerstreuung (z.B. S. 26, Z. 29 – 32; S. 85, Z. 38 ff.; S. 90, Z. 11 – 26). Was sie hasst, ist Langeweile (S. 26, Z. 31 f.; S. 58 f. – wo sich zeigt, dass Effi mit sich wenig anzufangen weiß; S. 85, Z. 25 ff.).

Es entsteht wiederholt der Eindruck, dass Effis Vorstellungen vom Leben und ihre Erwartungen wesentlich durch romantische Abenteuer- und Kolportageromane geprägt sind, wie sie sie sich z. B. von Roswitha aus der Leihbibliothek holen lässt (S. 167, Z. 28–33). Diesen Eindruck hat auch die Mutter (S. 32, Z. 35 ff.), die es jedoch ebenso wie der Vater offenbar versäumt hat, Effi durch ihre Erziehung besser auf ein Leben außerhalb des „Paradieses" Hohen-Cremmen (S. 162, Z. 16–20) vorzubereiten (siehe dazu als impliziten Hinweis den Besuch in der Nationalgalerie [S. 18., Z. 28–36]). Gerade nach der Trennung von Innstetten bis hin zu ihrem Tod wirkt Effis zum Teil exzessives Verhalten gelegentlich wie aus einem schlechten Kolportageroman kopiert. Zu ihren romantischen Vorstellungen passt, dass ihr Interesse an Crampas auch durch das Duell geprägt wird, das dieser in der Vergangenheit gehabt hat (S. 88, Z. 22–26). Ohne sie hätte sie vielleicht auch nicht die Briefe von Crampas aufbewahrt. Auch Effis in einem der Briefe angesprochener Wunsch, mit Crampas zu fliehen, anstatt – was rechtlich möglich gewesen wäre und von den historischen Vorbildern Elisabeth von Ardenne und Emil Hartwich ins Auge gefasst worden war – über Scheidung nachzudenken, spricht für literarische Vorbilder.

Effi mit ihrer Lust am Exotischen und Abenteuerlichen ist diejenige, die den Chinesen ins Spiel bringt (S. 37, Z. 38 f.). Als er schließlich als Spukfigur zu erscheinen scheint und sie ängstigt, ist sie rationalen Erklärungen nicht zugänglich. Gelegentlich stellt sie das Erscheinen des Chinesen aber auch so dar, dass der/die Leser/-in sich fragen kann, wie weit sie wirklich an ihn glaubt (S. 63) und ob sie ihn nicht zumindest punktuell als Waffe einsetzt, um Fürsorge zu erzwingen (S. 67, Z. 31–41). Der Chinese steht für das Fremde, Exotische, das Effi auf der einen Seite fasziniert, auf der anderen aber Angst macht; wenn man bedenkt, dass der reale Chinese für eine ungeklärte Liebesbeziehung steht, wohl nicht ganz zu unrecht. Im Laufe ihrer Entwicklung nähert sich Effi immer mehr der Religion an, was in unmittelbarem Zusammenhang mit ihrem wachsenden Schuldempfinden steht. Was Ursache ist und was Wirkung, müsste genauer untersucht werden.

Der Ehealltag in Kessin zeigt, dass Effis unrealistische Erwartungen trotz Innstettens Bemühungen und trotz der Huldigungen Gieshüblers kaum zu erfüllen sind. Sie treiben Effi letztlich in die Arme von Crampas. Die Initiative für die Verbindung geht von Effi aus. Sie wird von Fontane letztlich so „diskret" dargestellt, dass ein ungeschultes Publikum sie eventuell überlesen könnte. Gäbe es nicht die Briefe, die Innstetten entdeckt, ließe sich alles als „Missverständnis" wahrnehmen. Überwiegend wird angenommen, dass es bei den Treffen von Effi und Crampas zu sexuellen Kontakten kommt – und es ist durchaus zu fragen, ob Crampas in einer „platonischen" Beziehung vorstellbar ist –, aber beweisbar ist das nicht. Vieles in Effis Verhalten spricht – trotz ihrer wachsenden Schuldgefühle – dagegen (die Ehe, in der Sexualität – nicht nur wegen Fontanes „Diskretion" – kaum stattzufinden scheint; Gieshübler als Freund). Unabhängig von dieser speziellen Frage wird man aber nicht von einer Liebesbeziehung sprechen können.

Die Romanfiguren

Auch wenn die Beziehung erst Jahre später entdeckt wird, wird die Trennung des Ehepaares praktisch von niemandem – außer nach dem Duell von Innstetten selbst (S. 206, Z. 5–11) – in Frage gestellt. Effi ist danach nicht in der Lage, sich ein eigenes Leben aufzubauen, sie ist aber auch nicht zu einem ernsthaften Versuch bereit. In der Pension, in die sie zunächst zieht, verschrecken sie die Frauen, die ganz anders, d. h. selbstständiger, leben als sie. Als das von Effi nach erster, spontaner Flucht vor ihrer Tochter, mit der sie früher wenig anfangen konnte (siehe S. 29, zu Annie), herbeigeführte Treffen mit Annie nicht so verläuft, wie sie es sich in ihrer Fantasie vorgestellt hat, kommt es zu einem Zusammenbruch. Erst jetzt gestatten die Eltern ihr die Rückkehr nach Hohen-Cremmen, das für Effi immer Schutz- und Fluchtraum war. Sie verliert hier zunehmend ihren Lebenswillen und stirbt letztlich, nachdem sie sich bewusst der ihre Gesundheit gefährdenden Nachtluft aussetzt.

Von großer Bedeutung für die Charakterisierung Effis sind Gespräche der Eltern (ganz wesentlich z. B. S. 181 f.; hier äußert Frau von Briest u. a. ein Urteil, das sich weitestgehend in der Beurteilung Effis durch das Lesepublikum zu bestätigen scheint, das ihr ihre Schwächen und Verfehlungen verzeiht: „Ja, sie ist eine sehr schlaue kleine Person, und diese Schlauheit ist um so gefährlicher, weil sie so sehr liebenswürdig ist."). Das bestätigt sich wiederholt. Nicht nur in der Beziehung mit Crampas hintergeht Effi Innstetten, „spielt Komödie", doch falls es erkannt wird, wird ihr verziehen (z. B. von Geheimrat Rummschüttel). Das zeigt nicht nur der Roman, es ist auch darüber hinaus dem Autor sehr bewusst, der am 10. Oktober 1895 an den Historiker Colmar Grünhagen schreibt: „Der natürliche Mensch will leben, will weder fromm noch keusch noch sittlich sein, lauter Kunstprodukte von einem gewissen, aber immer zweifelhaft bleibenden Wert, weil es an Echtheit und Natürlichkeit fehlt. Dieses Natürliche hat es mir seit langem angetan, ich lege nur *da*rauf Gewicht, fühle mich nur *da*durch angezogen, und dies ist wohl der Grund, warum meine Frauengestalten alle einen Knacks weghaben. Gerade dadurch sind sie mir lieb, ich verliebe mich in sie, nicht um ihrer Tugenden, sondern um ihrer Menschlichkeiten, das heißt um ihrer Schwächen und Sünden willen. Sehr viel gilt mir auch die Ehrlichkeit, der man bei den Magdalenen mehr begegnet als bei den Genoveven. Dies alles, um Cécile und Effi ein wenig zu erklären." (Fontane, Theodor: Briefe in zwei Bänden, ausgewählt und erläutert von Gotthard Erler, München [Nymphenburger Verlagshandlung] 1981, Bd. II, S. 373).

Dieses scheinbar „Natürliche" fasziniert Fontane an dem Effi-Stoff mehr als eine mögliche Gelegenheit zur Gesellschaftskritik. Das lässt sich durch Aussagen in einem Brief an Hans Hertz vom 2. März 1895 doppelt veranschaulichen: „[...] und als die Stelle kam, 2. Kapitel, wo die spielenden Mädchen durchs Weinlaub in den Saal hineinrufen: ‚Effi komm', stand mir fest: ‚Das mußt du schreiben.' Auch die äußere Erscheinung Effis wurde mir durch einen glücklichen Zufall an die Hand gegeben; ich saß im Zehnpfund-Hotel in Thale, [...] als ein englisches Geschwisterpaar, er 20, sie 15, auf den Balkon hinaustrat und 3 Schritt vor mir sich an die Brüstung lehnte, heiter plaudernd und doch ernst. [...] Das Mädchen war genau so gekleidet, wie ich Effi in den allerersten und dann auch wieder in den allerletzten Kapiteln geschildert habe: Hänger, blau und weiß gestreifter Kattun, Ledergürtel und Matrosenkragen. Ich glaube, daß ich für meine Heldin keine bessere Erscheinung und Einkleidung finden konnte, und wenn es nicht anmaßend wäre, das Schicksal als etwas einem für jeden Kleinkram zu Diensten stehendes Etwas anzusehen, so möchte ich beinah sagen: das Schicksal schickte mir die kl. Methodistin." (Fontane, Theodor: Briefe in zwei Bänden, Bd. II, S. 358 f.).

Natürlichkeit bedeutet letztlich auch Unschuld. „Unschuld" ist ein „paradiesischer" Zustand; Effi hat ihr „Paradies" Hohen-Cremmen – anders als Adam und Eva das biblische – allerdings verlassen (müssen), ohne schuldig geworden zu sein, vor allem aber, ohne vom „Baum der Erkenntnis" gegessen zu haben. Die Sehnsucht nach Hohen-Cremmen ist eine Sehnsucht nach einem Zustand von Verantwortungsfreiheit (z. B. könnte Effis Mutter nach der Geburt des Kindes die Verantwortung übernehmen) und Schuldlosigkeit. Dieser Zustand ist jedoch nicht mehr zu erreichen (S. 236, Z. 34 f.).

Innstetten

Baron Geert von Innstetten ist zu Beginn des Romans 38 Jahre alt und Landrat in der pommerschen Küstenstadt Kessin. Er ist ein Vertrauter Bismarcks. Als junger Offizier stand er in einer Beziehung zur gleichaltrigen Luise von Belling, Effis Mutter, die jedoch den wesentlich älteren und gesellschaftlich etablierten Ritterschaftschaftsrat von Briest heiratete. Innstetten wird zu Beginn als „schneidig" und ernsthaft beschrieben. Bei einem kurzen Besuch in Hohen-Cremmen sieht er Effi und hält um ihre Hand an. Ein Motiv für diesen Heiratsantrag wird nicht genannt,

Die Romanfiguren

jedoch liegt „Liebe auf den ersten Blick" nahe. Finanzielle oder gesellschaftliche Erwägungen können es nicht sein. Briest steht wirtschaftlich nicht so gut da – er klagt mehrfach über eine schwierige Situation –, dass sein Schwiegersohn davon profitieren könnte. Sowohl die Skepsis des Kessiner Landadels Effi gegenüber als auch die Tatsache, dass Innstetten sie nicht mit zu Bismarck nimmt, zeigen, dass diese Ehe seinen beruflichen und gesellschaftlichen Aufstieg zumindest nicht erleichtert.

Von Rezensenten des Romans wird Innstetten vielfach als gefühlsarmer, karrierebewusster und an veralteten gesellschaftlichen Konventionen orientierter Mann beschrieben. Dabei wird übersehen, dass vieles, was gegen ihn zu sprechen scheint – z. B. wenn Crampas von Innstetten als „Erzieher" spricht –, von Dritten über ihn gesagt wird, die ein eigenes Interesse an diesem Bild haben.

Innstetten ist sicher nicht von überbordender Emotionalität, was ihm selbst bewusst ist (S. 102, Z. 30 – S. 103, Z. 43 – ein Gespräch, zwischen Effi und Innstetten, dessen Atmosphäre in gewissem Maße für die Entwicklung beim direkt anschließenden Zusammentreffen mit Crampas mitverantwortlich ist), aber er ist fürsorglich (z. B. S. 65, Z. 23–27; S. 69, Z. 11 f. – was gegen das Bild spricht, das Crampas von ihm zeichnet) und liebevoll, zeigt durchaus auch Gefühle (z. B. S. 46, Z. 41 ff.; S. 123, Z. 9–16; S. 151, Z. 29–32; S. 190, Z. 34 f.). Oft wird in diesem Zusammenhang Effis Satz zitiert, Innstetten sei „so edel [gewesen], wie jemand sein kann, der ohne rechte Liebe ist." (S. 249, Z. 11 f.) – sicher ein fragwürdiges Urteil von einem Menschen, der eigentlich gar nicht weiß, was Liebe ist.

Den – überzogenen – Erwartungen seiner Frau, was „Huldigungen" oder „Zerstreuung" angeht, kann Innstetten, realistisch betrachtet, nicht gerecht werden. Dass ein Ehemann ein „Liebhaber" (S. 86, Z. 23 f.) ist/sein sollte, ist möglicherweise eine eher romantische Vorstellung. Sexualität scheint in der Ehe – von Seiten beider Partner – kaum eine Rolle zu spielen (S. 87, Z. 5 ff. – wobei man sich zusätzlich bewusst machen sollte, dass Effi zu diesem Zeitpunkt hochschwanger ist). Mit Effis Ängsten, die sie ihm allerdings teilweise zu verheimlichen versucht, weiß Innstetten nicht richtig umzugehen; möglicherweise zum einen, weil er sie eben nicht in ihrem ganzen Umfang erkennt, zum anderen, weil er selbst ein zwiespältiges Verhältnis zu Übersinnlichem hat. Ein weiterer Grund, Effis Wünschen nach Veränderungen nicht zu folgen, liegt darin, dass Innstetten sich – u. a. aus Rücksicht auf seine Karriere – nicht gegen gesellschaftliche Erwartungen und Konventionen stellen will. Wahrscheinlich ist er aber auch so sozialisiert, dass er das nicht kann.

Innstetten steht Crampas zweifelsfrei kritisch gegenüber und warnt Effi mehrfach vor ihm, kontrolliert die Kontakte der beiden aber nicht, da er seiner Frau wohl im Grundsatz vertraut, obwohl er sich ihrer Schwäche bewusst ist (S. 138, Z. 10 f.). Als er zufällig Effis Jahre zurückliegende Beziehung zu Crampas entdeckt, trennt er sich von ihr; eine Entscheidung, die im Roman nur von ihm selbst in Frage gestellt wird (siehe S. 27). Wenn Innstetten eine gesellschaftliche Notwendigkeit des Duells behauptet, macht er sich etwas vor. Erst durch die Entscheidung für das Duell macht er die Affäre öffentlich, schafft sich also den Druck, dem er dann nicht mehr ausweichen zu können meint. Vielleicht ist die Frage erlaubt, ob Innstetten Crampas auch gefordert hätte, wenn er noch in Kessin von der Affäre erfahren hätte. Es gibt zwar keine sicheren Belege dafür, aber es erscheint vorstellbar, dass vor allem Enttäuschung darüber, dass Effi sich so lange „versteckt" hat, eine wesentliche Rolle spielt (S. 198, Z. 36 f.). Sicher ist, dass nicht Hass oder Rachegefühle gegenüber Crampas sein Motiv sind (S. 198, Z. 37 f.).

Innstetten gibt sich erst am Ende unter dem Einfluss des Zusammenbruchs seiner Ehe Schuld und übernimmt dabei die frühere Charakterisierung durch Crampas und Effi (S. 243, ab Z. 16). Diese Selbstbeschuldigung ist letztlich jedoch mehr Ausdruck seiner Verzweiflung als späte Einsicht in tatsächliche eigene Fehler. Vorher sagt er – zu sich und in einer Situation, in der er sich nicht belügen muss, er habe Effi helfen wollen (S. 203, Z. 30–35). Die Karriere Innstettens, auf die Effi ebenso wie er gesetzt hatte, setzt sich für Innstetten auch nach der Trennung von Effi fort, doch erfüllt sie ihn nicht mit Genugtuung. Er hat resigniert, hat Freude und Glück verloren. Innstetten ist alles in allem ebenfalls ein Opfer, was Fontane schon früh in einer Vorausdeutung signalisiert (S. 15, Z. 28 ff.).

Die Romanfiguren

Crampas

Major von Crampas kommt im Frühjahr 1879 als neuer Landwehrbezirkskommandeur nach Kessin. Er ist verheiratet, hat zwei Kinder und ist mit 44 Jahren ca. fünf Jahre älter als Innstetten. Beide kennen sich aus der Zeit, als Innstetten noch als Offizier Dienst tat.

Effi erhofft sich von Crampas Zerstreuung. Ihr ist von Beginn an bewusst, dass er ein „Damenmann" ist. Das ist für sie mit einer gewissen Romantik verbunden, da Crampas deshalb in der Vergangenheit ein Duell hatte. Ihre Sympathie gewinnt er auch dadurch, dass er ein – vorsichtig formuliert – entspanntes Verhältnis zu „Zucht und Ordnung" hat und damit deutlich ein Gegenstück zu Innstetten ist (S. 108, Z. 18–31). Er kokettiert damit, „für den Strick geboren" zu sein (S. 104, Z. 30 f.). Obwohl (oder weil) Effi weiß, dass Crampas „Damenmann" ist, flirtet sie mit ihm bei seinem Besuch auf der Innstetten'schen Terrasse (S. 104 ff.). Das ist zwar *de facto* nicht das erste Zusammentreffen, aber man wird sagen müssen, dass die Langeweile, die Effi in Kessin empfindet, dazu führt, dass sie die Initiative ergreift. Zu diesem Zeitpunkt geschah das vielleicht nicht bewusst, aber spätestens als Effi bei einem gemeinsamen Ausritt ohne Innstetten die Vermutung äußert, Crampas fände es ganz in Ordnung, wenn sie ihm eine Liebeserklärung machte, muss sie sich der möglichen Folgen bewusst sein. Crampas greift das auch unmittelbar auf, wirbt um Effi; zunächst verdeckt in einem Gespräch über Gedichte (S. 115–119).

Bei der Fahrt über den Schloon wird aus dem, was bisher noch als Spiel hätte gelten können, Ernst. Vorbereitet wird das von Crampas allerdings schon früher. Er versucht, einen Keil in die Beziehung zwischen Effi und Innstetten zu treiben, indem er diesem unterstellt, Effi mit dem Spuk erziehen zu wollen (S. 112, Z. 3–25). Diese Intrige wirkt nachhaltig. Selbst wenn sich fragen lässt, ob es Effi in der Beziehung zu Crampas in erster Linie bzw. überhaupt um die Befriedigung sexueller Bedürfnisse geht (schließlich weist er in einem seiner Briefe ihren romantischen Wunsch, mit ihm zu fliehen – an Scheidung denkt Effi also offenbar nicht –, zurück [S. 196, Z. 40 – S. 197, Z. 5], und Fontane deutet die Treffen der beiden nur so vage an, dass alles der Fantasie der Leser/-innen überlassen bleibt), zeigt einer seiner Briefe (S.196, Z. 40–197, Z. 5) deutlich, dass es Crampas nicht um eine feste Bindung geht. Damit enttäuscht auch er Effi. Crampas ist „eine Spielernatur" (S. 124, Z. 16), und als er von Innstetten zum Duell gefordert wird, gibt er das Spiel auf.

Crampas' Frau erscheint nur ganz am Rande, sollte aber nicht völlig außer Acht gelassen werden. Sie reagiert eifersüchtig auf die Verhältnisse ihres Mannes mit anderen Frauen, kann sich aber – auch wenn das nicht ausdrücklich erwähnt wird – weder aus wirtschaftlichen noch aus gesellschaftlichen Gründen eine Scheidung erlauben. Dass außereheliche Beziehungen von Männern ganz anders toleriert werden als die von Frauen, zeigt sich im Roman schon daran, dass Crampas nicht gesellschaftlich isoliert ist. Effi fände seine Verhältnisse ohne das Duell nur lächerlich.

Briest

Ritterschaftsrat von Briest lebt mit seiner Frau Luise und seiner einzigen Tochter Effi auf seinem Gut Hohen-Cremmen. Zu Beginn des Romans ist er Mitte 50. Er stilisiert sich durch sein Bestehen darauf, nicht mit seinem Vornamen, sondern mit Briest angesprochen zu werden, zu einer Art übergeordneter Instanz. Dazu passt auch sein Räsonnieren, das allerdings kaum in die Tiefe geht und da, wo gerade dies notwendig wäre, in die Floskel ausweicht, das sei ein (zu) weites Feld.

Briest vertritt ein traditionelles Rollenbild („Weiber weiblich, Männer männlich"; S. 7, Z. 40 f.), ist bodenständig und standesbewusst, wirkt intellektuell allerdings begrenzter als seine Frau, die die wesentlichen Entscheidungen in der Familie trifft. Jedoch ergreift er gegen die Haltung seiner Frau die Initiative und lässt die kranke Effi letztlich doch nach Hohen-Cremmen zurückkehren.

Briest und seine Frau reflektieren und kommentieren in Gesprächen mehrfach wesentliche Entwicklungen. Er sieht seine Tochter nicht unkritisch, zieht aber nicht eigentlich Konsequenzen. Da Briest neben seinem an Dünkel grenzenden Standesbewusstsein (S. 21, Z. 15–31; S. 53, Z. 38 – S. 54, Z. 3) antisemitisches Gedankengut vertritt (S. 188, Z. 22–28), ist zu fragen, ob er entweder von Fontane kritischer gesehen wird als in der Regel von seinen Leserinnen und Lesern oder ob nur Fontane selbst kritischer gesehen werden muss, wenn er über eine positiv gezeichnete und wahrgenommene Figur Antisemitismus artikuliert.

Die Romanfiguren

Luise von Briest

Luise von Briest, geborene von Belling, ist zu Beginn des Romans 38 Jahre alt. Als junges Mädchen war sie mit dem in der Nähe stationierten gleichaltrigen Geert von Innstetten verbunden, heiratete jedoch nicht ihn, der (letztlich nicht nur für die damalige Zeit) als Ehemann deutlich zu jung war, sondern den wesentlich älteren und gesellschaftlich arrivierteren Ritterschaftsrat von Briest.

Effis Mutter scheint ihrer Tochter für ein Mädchen in der damaligen Zeit eher ungewöhnliche Freiräume zu lassen, doch achtet sie insgesamt durchaus auf die Einhaltung gesellschaftlicher Konventionen und gesellschaftliches Vorankommen. Damit begründet sie auch, warum Effi Innstetten heiraten sollte.

Luise von Briest reagiert meist sehr kontrolliert, wenig emotional. Sie ist diejenige, die die wesentlichen Entscheidungen in der Familie trifft; z. B. Vorbereitung der Hochzeit, Einrichtung der Berliner Wohnung, Eingreifen, als Annie einziges Kind bleibt. Sie ist es auch, die Effi mitteilt, dass sie nach der Trennung Innstettens von ihr nicht nach Hohen-Cremmen kommen darf. Dabei argumentiert sie mit gesellschaftlichen Rücksichten. Ihr Mann, den sie trotz aller Loyalität kritisch sieht, unterwirft sich meist ihren Entscheidungen.

Nach Effis Tod stellt sie ihre Erziehung in Frage – allerdings mit dem überraschenden Tenor, Effi möglicherweise nicht streng genug erzogen zu haben (S. 250, Z. 18). Die richtige Antwort müsste wohl lauten, dass sie Effi nicht strenger, aber mit einer realistischeren Weltsicht hätten erziehen müssen. Grundsätzlich ist Luise von Briest – neben der (weitgehend) negativ gezeichneten Sidonie von Grasenabb – diejenige, die am deutlichsten auf die Einhaltung gesellschaftlicher Regeln pocht (z. B. S. 234, Z. 33–37).

Dagobert von Briest

Effis Vetter Dagobert ist nur wenige Jahre älter als sie und damit der einzige Mann im Roman, der ihrer Generation angehört. Er ist als Leutnant in Berlin stationiert, in der Stadt, die später für Effi den deutlichen Kontrast zu Kessin darstellt.

Er wirkt für seinen Stand recht modern und relativ kritisch. Dagobert ist Effi sehr zugetan. Dagobert von Briest ist hinsichtlich seines Alters und Auftretens ein Gegenbild zu Innstetten und erscheint vor allem in dieser Funktion; besonders deutlich (S. 152, Z. 15 – S. 153, Z. 3). Seine Lebenslust spricht Effi an, er steht – sicher noch mehr als Crampas – für die von Effi gesuchte Zerstreuung und Huldigung. Gleichzeitig kann er auch als Repräsentant der sexuellen Herausforderung durch Effis eigene Generation gesehen werden. Es ist allerdings zu fragen, wie weit diese das wahrnimmt. Frau von Briest beobachtet das Verhältnis genau und fragt Effi eines Tages ganz direkt, ob sie lieber ihn als Innstetten heiraten würde (S. 28, Z. 14–20), eine Frage, die Innstetten später ebenfalls formuliert (S. 152, Z. 34 f.). Effi weist das beide Male energisch zurück, weil Vetter Dagobert zu oberflächlich sei und ihre Karrierevorstellungen nicht realisieren könnte.

Über den Vergleich zeigen sich Effis Vorstellungen und ihr Charakter, was auch im Gespräch ihrer Eltern nach der Hochzeit deutlich wird (S. 32, Z. 18 – S. 33, Z. 3).

Alonzo Gieshübler

Alonzo Gieshübler ist der Kessiner Apotheker, ein älterer, körperlich missgebildeter Mann. Effi lernt ihn gleich am Tag nach ihrer Ankunft in Kessin kennen. Seine spanische Mutter bietet Effi Raum für ihre romantischen Fantasien. Obwohl er mit seinem unzeitgemäßen Auftreten eigentlich eine lächerliche Figur ist, hängt Effi an ihm. Er ist für sie „der einzige richtige Mensch hier" (S. 57, Z. 19 f.).

Gieshübler wird im ganzen Roman neben ihrem Vetter Dagobert der Einzige sein, der Effi die „Huldigungen" entgegenbringt, auf die sie Anspruch erhebt und die sie von ihrem Mann nicht bzw. nicht in der Form erhält, wie sie es sich vorstellt. Was den Umgang mit ihm erleichtern dürfte, ist, dass er Effi völlig ergeben ist und sie verwöhnt, ohne Gegenleistungen zu erwarten und sexuelle Ambitionen zu haben.

In Gieshübler wie auch später in Geheimrat Rummschüttel manifestiert sich innerhalb des Romans die Faszination, die Effi auch auf einen Großteil des Lesepublikums ausübt. Zum Teil wird diese vielleicht auch durch diese beiden Figuren geprägt. Bei Rummschüttel kommen noch sein Verständnis für Effi und seine Nachsicht ihr und ihren durchaus erkannten Schwächen gegenüber hinzu (S. 168, Z. 29 – S. 169, Z. 22; S. 219, Z. 6–14).

Marietta Trippelli

Marietta Trippelli wurde als Marie Trippel in Kessin geboren. Ihr Vater war dort Pastor. Sie ließ sich in Paris als Sängerin ausbilden. Sie ist selbstbewusst und führt ein (relativ) selbstbestimmtes Leben. Dies zwar nicht ohne wirtschaftliche Stützung durch Männer wie den russischen Fürsten Kotschukoff, aber ohne sich in eine echte Abhängigkeit von ihnen zu begeben. Effi bewundert die Trippelli, erinnert sich auch in späteren Jahren an sie, ist aber ganz offensichtlich nicht annähernd in der Lage, deren alternativen Lebensentwurf für sich zu übernehmen. Innstetten erkennt schon vor dem ersten Zusammentreffen die Faszination, die die Trippelli mit ihrer scheinbar romantischen Biografie auf Effi ausübt, und warnt sie, dass ein solches Leben mit Lebensglück bezahlt werde (S. 73, Z. 10–27).

Johanna

Johanna ist bereits als Bedienstete bei Innstetten tätig, als Effi nach der Hochzeit nach Kessin kommt. Sie ist hübsch und gewandt, scheint aber – zumindest im Vergleich mit Roswitha – eine gewisse Distanz zu ihrer Herrin zu haben.
Sie gibt Effi nach deren erster Nacht in Kessin eine nüchtern-sachliche Erklärung für die nächtlichen Geräusche, in die diese Spuk hineinfantasiert, und versucht auch sonst, ihr über ihre Ängste hinwegzuhelfen. Allerdings berichtet sie Innstetten entgegen Effis ausdrücklicher Bitte von deren nächtlichen Ängsten während Innstettens Besuch bei Bismarck (S. 64 f.). (Dadurch schafft Fontane allerdings eine Möglichkeit, Innstettens Fürsorge für seine Frau zu zeigen.)
Nachdem Roswitha ins Haus gekommen ist, baut sich eine gewisse Konkurrenz zwischen den beiden Bediensteten auf, wobei Johanna allerdings immer ein gewisses Überlegenheitsgefühl demonstriert. Beide sind die einzigen Kessiner Bediensteten, die mit nach Berlin gehen. Sie teilen sich mehr oder weniger die Erziehung Annies. Johanna bleibt nach der Trennung Innstettens von Effi in dessen Haushalt.

Roswitha

Roswitha ist von der Persönlichkeit her ein Gegenstück zu Johanna. Sie wird von Effi als Kindermädchen eingestellt, als beide sich nach der Bestattung von Roswithas im Urlaub in Kessin gestorbener Herrin auf dem Friedhof treffen. Das sollte allerdings nicht, wie es in der Literatur gelegentlich geschieht, als emanzipatorischer Akt Effis gedeutet werden. Diese äußert sich nicht in diese Richtung, und Innstetten stimmt völlig selbstverständlich zu.
Roswitha ist eher schlicht, gutherzig, katholisch und treu. Sie begleitet Effi durch alle weiteren Stationen ihres Lebens. Ihr eigenes Schicksal weist gewisse Parallelen zu dem Effis auf, was dieser auch bewusst ist (Kind aus einer nichtehelichen Beziehung, Warnung Effis vor einer möglichen Beziehung mit dem verheirateten Kutscher Kruse). Die deutlichste Parallele zwischen Roswitha und Effi konstruiert Fontane bereits in das erste Zusammentreffen. Nach dem Tod ihrer Herrin nimmt Roswitha ihr Schicksal nicht in die eigenen Hände, sondern möchte am liebsten sterben (S. 94, Z. 35–43).

Annie

Annie, die Tochter von Effi und Innstetten, wird am 3. Juli 1879, genau neun Monate nach der Hochzeit, geboren. Sie wächst in erster Linie in der Obhut Roswithas, später der Johannas, auf.
Die eigene Mutter kümmert sich so gut wie nicht um sie, was Fontane aber kaum problematisiert (siehe S. 100, Z. 38–43). Annie ist für Effi offenbar weder die „Zerstreuung" noch das „liebe Spielzeug" (S. 83, Z. 7 ff.), die/das sie erwartet hat, und mit mütterlichen Pflichten scheint sie nicht umgehen zu können (S. 124, Z. 38–125, Z. 6; S. 142, Z. 39–43; S. 174, Z. 30 ff.). Als Innstetten sich von Effi trennt, ist Annie sieben Jahre alt. Darüber, wie die Trennung auf das Kind wirkt, erfahren die Leser/-innen nichts.
Drei Jahre später, Annie ist zehn, kommt es auf Bitten Effis und mehr oder weniger gegen den Willen Innstettens zu einem Treffen von Mutter und Tochter, das für Effi in einer Katastrophe endet. Sie hatte offenbar falsche, völlig überzogene Erwartungen und wird nicht damit fertig, dass Annie sehr verhalten reagiert. Die Schuld hierfür sieht sie nicht in den Umständen oder bei sich selbst, sondern gibt sie Innstetten, der ihr Annie entfremdet habe.

Auch wenn die Rezeption des Romans diesen Vorwurf in der Folgezeit meist übernimmt, gibt es dafür keinen „objektiven" Hinweis, sondern nur Effis Ausbruch (S. 232, Z. 33 – S. 233, Z. 12). Sie sagt danach, sie hasse auch ihr „eigen Kind". Deswegen ist in der Folgezeit Roswitha auch die Einzige, die sich erkennbar Gedanken um das Kind macht (in ihrem Brief an Innstetten, in dem sie um Rollo bittet). Fontane erwähnt sogar ausdrücklich, dass von Annie nicht gesprochen wird (S. 235, S. 37 ff.).

Die Verantwortung dafür, dass Annie Einzelkind bleibt, wird ganz selbstverständlich bei Effi gesehen, denn nur sie begibt sich in ärztliche Behandlung.

Wüllersdorf

Geheimrat Wüllersdorf ist nicht nur Innstettens Kollege im Berliner Ministerium, sondern sein Freund. Er ist im Roman letztlich nicht als Persönlichkeit von Bedeutung, sondern sozusagen als Innstettens anderes Ich in der Krisensituation nach der Entdeckung der Beziehung zwischen Effi und Crampas.

Vieles von dem, was er sagt, wäre Teil eines inneren Monologes Innstettens, wenn Fontane zu diesem Gestaltungsmittel gegriffen hätte. Vieles wird sich Innstetten bereits gesagt haben und ist dann zu einer Entscheidung gekommen, die nicht mehr revidiert werden kann. Wüllersdorf formuliert die Zweifel, die Innstetten hat, gelegentlich vielleicht auch nur „haben müsste", und bestätigt so letzten Endes die Entscheidung. Dabei stellt er allerdings nur das Duell in Frage, nicht das Scheitern der Ehe (u. a. S. 198, Z. 22–24).

Als Person wird Wüllersdorf im Grunde nur „gebraucht", als Innstetten sein Festhalten an dem Duell mit Wüllersdorfs Mitwisserschaft rechtfertigt (S. 200) – und weil ein Duellant einen Sekundanten benötigt. Am Ende des letzten von Fontane erzählten Gesprächs zwischen Innstetten und Wüllersdorf (S. 244 f.) erlangt dieser doch ein gewisses Maß an Persönlichkeit, denn die – zwar resignative, aber immerhin – Perspektive, die er aufzeigt, ist als innerer Monolog Innstettens nicht vorstellbar.

Bismarck

Otto von Bismarck (1815–1898) ist nahezu während der gesamten Zeit, in der der Roman spielt, preußischer Ministerpräsident und Reichskanzler des Deutschen Reiches. Er ist die einzige erkennbar historische Figur, die für den Roman von Bedeutung ist. Man kann sich bei ihm an König Artus in der mittelalterlichen Artusepik erinnert fühlen: kaum handelnd in Erscheinung tretend, aber immer als gesellschaftliche, moralische Instanz präsent.

Es werden keine expliziten Normen formuliert, „Bismarck" steht als Name – im Grunde unhinterfragt – für die Werte des Kaiserreichs. Dass dies als Signal von Kritik wahrgenommen werden kann, ist aus dem Roman heraus eigentlich nicht erkennbar; hierfür müssten z. B. Briefe Fontanes herangezogen werden, was „normale" Leser/-innen sicher weder können noch wollen. Bismarck schätzt Innstetten, der sich ihm – auch aus Karrieregründen – verpflichtet sieht, was dazu führt, dass er Effi gelegentlich allein in Kessin lassen muss, um Bismarck in Varzin aufzusuchen. Bei aller Bedeutung, die der Fürst für Innstetten hat, ist dieser sicher nicht so naiv wie Effi, die nach der Beförderung ihres Mannes sagt: „Und der Fürst kann alles." (S. 153, Z. 18 f.). Das ist durchaus bewundernd gemeint.

Es ist nicht ganz ohne Ironie, wenn Wüllersdorf in seinem letzten Gespräch mit Innstetten sagt: „[...] und der dritte [erzählt] wohl gar von Bismarck." (S. 245, Z. 14 f.), denn dieser war nach massiven Meinungsverschiedenheiten mit Kaiser Wilhelm II. kurz vorher (20. März 1890) entlassen worden. Man wird sich also auch hier über einen am Ende wenn vielleicht auch nicht gescheiterten, aber doch zumindest nicht völlig zufriedengestellten Lebensentwurf unterhalten können.

Vor allem Leser/-innen, die „Effi Briest" in erster Linie als gesellschaftskritischen Roman lesen, könnten diese Aussage auch als Hinweis auf ein Scheitern der Werte sehen, für die Bismarck steht.

Die Romanfiguren

Kessiner Landadel

Der Kessiner Landadel erfüllt im Roman mehrere Funktionen. Er stellt das standesgemäße gesellschaftliche Umfeld für das Ehepaar Innstetten dar und repräsentiert, wenn der Roman als Gesellschaftskritik gelesen wird, in seiner geistigen und moralischen Begrenztheit idealtypisch die kritisierte Gesellschaft (Nationalismus, Antisemitismus, Intoleranz).

Hier kann Effi nicht die erhoffte Zerstreuung finden, ihre Vereinsamung wird durch die erzwungenen Kontakte eher noch deutlicher. Sprachrohr dieser Gesellschaft ist Sidonie von Grasenabb, von der Effi ja nicht in allen Punkten zu Unrecht kritisch gesehen wird. Da Sidonie von Grasenabb von Fontane jedoch überwiegend als bigotte Person gezeichnet und vor allem wahrgenommen wird (siehe z. B. S. 129, Z. 17–27; dagegen steht symbolhaft die für Sidonie von Grasenabb unproblematische Überquerung des Schloon), weckt ihre Kritik bei den Leserinnen und Lesern eher Sympathie für die Kritisierten.

Eine Ausnahme in dieser Gesellschaft ist die alte Ritterschaftsrätin von Padden, die Einzige, die Verständnis für die junge Frau – und sexuelle Anfechtungen – formuliert (S. 139, Z. 31 – S. 140, Z. 17) und von der Effi sich nach ihrer „Flucht" nach Berlin ausdrücklich verabschiedet.

Wenn Leben scheitern

Betrachtet man die zentralen Figuren des Romans, muss man als Leser/-in feststellen, dass man nur mit gescheiterten Leben(sentwürfen) konfrontiert wird:

– Effi stirbt mit noch nicht einmal 30 Jahren, weil sie ihren zerbrochenen romantischen Träumen keine für sie realisierbare Alternative entgegenstellen kann;
– Innstetten muss ein Leben ohne Glück leben, mit „immer freudloser dahintreibenden Tage(n)" (S. 241, Z. 23);
– Crampas stirbt letztlich nicht, weil Innstetten der bessere Schütze wäre, sondern weil er resigniert;
– ob es Effis Eltern gelingen wird, ihre Selbstvorwürfe wirklich zu verdrängen, ist fraglich.
– Was allerdings aus Effis und Innstettens Tochter Annie wird, interessiert weder die Mutter noch den Autor. Sie ist ganz sicher ein Opfer und als Kind diejenige, die die geringsten Chancen hatte, ihr Leben selbst zu steuern.

Eine wichtige Frage für Leser/-innen dürfte es bei bzw. nach dem Lesen des Romans sein, wie ein Leben geführt und gestaltet werden kann, von dem man erkennen muss (falls es dem/der Einzelnen nicht früh bewusst war), dass es kein träumerisches Spiel ist, in dem einem alles zufliegt oder zu Füßen gelegt wird, in dem es gesellschaftliche Zwänge gibt und Individuen sich nicht aus der Zwangsjacke ihrer Sozialisation befreien können.

Gesellschaftskritik in „Effi Briest"?

Gesellschaftskritik?

Es ist zwar ein Gemeinplatz, aber einer, der manchmal nicht bedacht wird: Literatur ist immer politisch, unabhängig davon, ob sie ausdrücklich zu aktuellen Fragen Stellung bezieht oder nicht. Damit steht sie der Gesellschaft entweder kritisch gegenüber oder bestätigt sie; dies vielleicht gerade besonders dann, wenn sie darauf besteht, unpolitisch zu sein. Jeder Mensch wird in eine Gesellschaft hineingeboren, seine Entwicklung wird von der Sozialisation in diese(r) geprägt. Insofern stellt sich, wenn ein Mensch scheitert, ganz natürlich die Frage, welchen Anteil die Gesellschaft daran hat. Damit wird ein Roman, der dieses Scheitern darstellt, aber nicht automatisch zu einem explizit gesellschaftskritischen Roman. In dieser Hinsicht wird Fontanes „Effi Briest" gelegentlich überstrapaziert.

Theodor Fontane,
Gemälde von Carl Breitbach 1883

Zur recht gilt Fontane als Begründer des modernen Gesellschaftsromans. Vor allem mit seinen Romanen „Vor dem Sturm" (1878), „L'Adultera" (1880), „Schach von Wuthenow" (1882), „Cécile" (1886), „Frau Jenny Treibel" (1892) und „Effi Briest" (1895) hat Fontane ein Bild des preußischen Staates und der Lebensbedingungen in dessen Gesellschaft gezeichnet. Seine späten Romane setzen sich mit großer Sachlichkeit mit Themen wie Liebe und Ehe, mit sozialen Fragen, mit Standesunterschieden und mit veralteten Ehrbegriffen und erstarrten Konventionen auseinander. Fontane erzählt dabei weitgehend sachlich unparteiisch, er hält Distanz zu den Konflikten seiner Figuren wie ein objektiver Beobachter, der erzählend versucht, Wirklichkeit wiederzugeben. Anstelle äußerer Handlung treten Dialoge in den Vordergrund, seine Figuren entwickeln sich im Gespräch selbst. Heinrich Mann bewunderte Fontane als den Schriftsteller, der den modernen Roman für Deutschland erfunden habe. Fontane habe gezeigt, „daß ein Roman das gültige, bleibende Dokument einer Gesellschaft, eines Zeitalters sein kann" (H. Mann: Briefe an Karl Lemke und an Klaus Pintus, Hamburg 1963, S. 175).

Die gesellschaftskritische Deutung von „Effi Briest" wird mit drei Thematiken dieses Romans begründet:
1. Effis zu junge Verheiratung an einen wesentlich älteren Mann und die damit verbundenen Enttäuschungen bezüglich ihrer Lebensplanung;
2. Innstettens und anderer Romanfiguren überkommener Ehrbegriff, der zu Trennung und Duell führt;
3. die Folgen, die Effis Ehebruch für sie hat, und die zu ihrer Ausgrenzung und Vereinsamung führen, soweit sie gesellschaftlich bedingt sind.

Dies führt dazu, dass manche Rezensenten Effi nahezu ausschließlich als ein Opfer ihrer Lebensumstände und der gesellschaftlichen Verhältnisse betrachten.

Selbstaussagen kann man zwar immer auch unter dem Vorbehalt möglicher Selbststilisierung betrachten, aber wenn Fontane in einem Brief schreibt, dass ihn in einem Gespräch mit Emma Lessing, in dem sie die Ardenne-Geschichte (siehe S. 34) berichtete, in erster Linie „Effi, komm" beeindruckt habe, weist das nicht gerade auf Gesellschaftskritik als sein zentrales Schreibmotiv hin. Und Seiler zeigt in einem Aufsatz (siehe Literaturverzeichnis S. 120–121), dass die reale Ardenne-Geschichte deutlich mehr Ansätze für Gesellschaftskritik geboten hätte als das, was Fontane daraus übernimmt. Der historische Fall Ardenne zeigt auch, dass es Alternativen der Lebensgestaltung für eine geschiedene Frau gab. Elisabeth von Ardenne meisterte ihr Schicksal als erfolgreiche Pflegerin in einer großen Heilanstalt. Ihr (ehemaliger) Ehemann Armand von Ardenne machte Karriere und wurde General. Eine „standesgemäße" Verheiratung wie die Effis war auch im preußischen Ständestaat im letzten Viertel des 19. Jahrhunderts nicht allgemeine Praxis, besitzt von daher kaum Brisanz.

Bei einer generell sicher nicht unberechtigten kritischen Betrachtung Innstettens muss gefragt werden, welche „objektiven" Befunde es für ein negatives Urteil gibt, wie weit Innstetten auch ein Opfer „übler Nachrede" geworden ist. Urteile gegen ihn stützen sich überwiegend auf Aussagen von Crampas und Effi, doch beide sind „Partei", und es ist zu fragen, wie weit (und warum) sie das, was sie über Innstetten sagen, selbst glauben bzw. welches Interesse

Gesellschaftskritik in „Effi Briest"?

sie daran haben, ein bestimmtes Bild entstehen zu lassen. Gerade bei Crampas fällt die Antwort nicht schwer. Innstetten zu diskreditieren, ist sein Weg, sich Effi zu nähern, und diese übernimmt das Bild gern, weil sie so leichter ihr Verhalten vor sich selbst rechtfertigen kann.

Zu einer Zeit, in der Duelle grundsätzlich verboten – wenn auch in bestimmten Kreisen nicht gesellschaftlich geächtet – waren, wäre es nur von begrenztem Nutzen, sie zum zentralen Problem des Romans zu machen. Wenn man Wüllersdorf als „Sprachrohr der Vernunft" betrachten will, muss man sehen, dass er zwar das Duell hinterfragt aber nicht das Scheitern der Ehe, eine Trennung Innstettes von Effi. Völlig unabhängig von der Duell-Frage, von der Zeit, in der die Ereignisse stattfinden, und dem im 19. Jahrhundert geltenden Eherecht, auf das in der Literatur häufig hingewiesen wird, muss man sehen, dass eine Trennung nach einem Ehebruch (mit entsprechenden Konsequenzen bezüglich des Sorgerechts für Kinder) auch heute noch eine gut nachvollziehbare und nicht ungewöhnliche Entscheidung ist. Zu kritisieren wäre (und war für die Vergangenheit noch viel deutlicher), wenn eine „zerrüttete" Ehe aufrecht erhalten wird/wurde, weil das wirtschaftliche Überleben der Frau nur so gesichert ist/war.

Selbstverständlich dürfen Fontanes Hinweise auf gesellschaftliche Missstände nicht ignoriert werden. Sie sollten jedoch nicht im Zentrum der Auseinandersetzung mit dem Roman stehen, schon gar nicht im Literaturunterricht mit Schülerinnen und Schülern die unter ganz anderen Bedingungen leben und für die sich ein Transfer (überwiegend) in ihre Zeit nicht ergibt. Der dürfte selbst beim Frauenbild inzwischen schwieriger sein als vielleicht noch für die Generation ihrer Eltern.

Schon Fontane selbst war, wie ein Brief an Clara Kühnast vom 27. Oktober 1895 belegt, von der öffentlichen Wahrnehmung Innstettens irritiert: „[...] Ja, Effi! Alle Leute sympathisieren mit ihr und einige gehen so weit, im Gegensatze dazu, den Mann als einen ‚alten Ekel' zu bezeichnen. Das amüsiert mich natürlich, gibt mir aber auch zu denken, weil es wieder beweist, wie wenig den Menschen an der sogenannten ‚Moral' liegt und wie die liebenswürdigen Naturen dem Menschenherzen sympathischer sind. Ich habe dies lange gewusst, aber es ist mir nie so stark entgegengetreten wie in diesem Effi-Briest- und Innstetten-Fall. Denn eigentlich ist er (Innstetten) doch in jedem Anbetracht ein ganz ausgezeichnetes Menschenexemplar, dem es an dem, was man lieben muss, durchaus nicht fehlt. Aber sonderbar, alle korrekten Leute werden schon bloß um ihrer Korrektheiten willen mit Misstrauen, oft mit Abneigung betrachtet. [...]" (Fontane, Theodor: Briefe in zwei Bänden, Bd. II, S. 374 f.)

Fontane selbst legt also eine differenzierte Bewertung nahe, in der Effi nicht nur als Opfer empfunden und analysiert wird, er nimmt Partei für Innstetten, fordert dazu auf, auch dessen Prinzipien und Werte unvoreingenommen zu prüfen und in ihm nicht nur einen gefühllosen Ehemann, karriereorientiert und gebunden in überkommenen Traditionen zu sehen. Selbst da, wo Innstetten Fehler macht, machen ihn diese nicht zwangsläufig zum Repräsentanten einer repressiven Gesellschaft, die für Effis Untergang verantwortlich ist. Im Zentrum des Interesses an dem Roman sollte von daher das individuelle Schicksal stehen und nicht die Gesamtheit der Gesellschaft.

Vor dem Hintergrund ist zu fragen, woran es liegt, dass viele Leser/-innen Effi so viel verzeihen und vor allem in Innstetten und den gesellschaftlichen Verhältnissen die Ursachen für Effis Untergang sehen. Eine wesentliche Erklärung lässt sich in Fontanes Erzählweise finden. Über Innstetten erfährt das Lesepublikum in erster Linie etwas aus der Außensicht, die Leser/-innen mehr auf Distanz hält. Dagegen steht bei Effi häufig eine Innensicht, die leichter Identifikation ermöglicht, auch dann, wenn die „objektiven" Gegebenheiten gegen sie sprechen.

Auffällig ist übrigens – und müsste es gerade für diejenigen sein, die Fontanes Gesellschaftskritik betonen –, wie selbstverständlich im Roman gelegentliche antisemitische Äußerungen sind (z.B. S. 87, Z. 1–4; S. 130, Z. 29–34; S. 188, Z. 21–28). Es entsteht nicht der Eindruck, dass sich Fontane von ihnen distanziert, auch wenn sie überwiegend in Beziehung zu Personen stehen, die als Vertreter der kritisierten Gesellschaft angesehen werden (vergleiche dazu Delf von Wolzogen, Hanna; Nürnberger, Helmuth [Hrsg.]: Theodor Fontane, Am Ende des Jahrhunderts. Der Preuße, die Juden, das Nationale. Würzburg [Verlag Königshausen & Neumann] 2000).

Es ließe sich auch fragen, wie weit die Darstellung der Ehe von Effi und Innstetten sich als Reflektion von Fontanes eigener Ehe lesen lässt. Hierzu ein Auszug aus einem Brief vom 25. Juni 1889 an seine Tochter Martha: „[...] Mama macht mir stille Vorwürfe darüber [über fehlende Stimmung und Erlebnisse] und mitunter auch laute, als ob ich die Sache ändern und durch eine Nachmittagsfahrt nach Treptow oder Stralau die Insel der Seligen wiederherstellen könnte. Doch höchstens eine wie die Böcklinsche, die noch langweiliger wirkt als der Potsdamerstraßen-Alltagszustand. Mama könnte von mir lernen, wie man Einsamkeit, Stille, Langeweile menschenwürdig zu ertragen hat, wie

Historische Bezüge im Roman

sie aber in vierzig Jahren überhaupt nichts von mir gelernt hat, sondern (vielleicht recht gut) sie selbst geblieben ist, so auch in diesem Stück. Sie verlangt in jeder Minute oder doch mindestens in jeder Stunde das Ideal des Daseins, das es bekanntlich überhaupt nicht gibt, und wundert sich, es nicht einfliegen zu sehn, besonders jetzt, wo doch alle Fenster aufstehn. Daß mich dies alles, ganz kurze Minuten abgerechnet, nur noch erheitert, brauche ich Dir nicht erst zu versichern. Im übrigen füge ich gerne hinzu, daß ich der armen, abgearbeiteten Frau gern vergnüglichere Tage gönnte, sie hat nun mal den Zug nach kleinem Schnack, Sensation und Medisance, und ich wollte täglich 2 Mark (was sie aber auch wieder zu hoch finden würde) in die Armenbüchse tun, wenn ich ihr diesen kleinen Schnack verschaffen könnte. Das kann ich aber nicht, das kann sie nur selber. Sie selbst kann es aber auch nicht […]" (Fontane, Theodor: Briefe in zwei Bänden, Bd. II, S. 221 f.)

Historisches Vorbild und historische Bezüge

Elisabeth Baronin von Ardenne (1853–1952)
Familienarchiv Manfred von Ardenne, Dresden

„Vorbild" für „Effi Briest" ist der historische Fall Ardenne, doch entfernt sich Fontane sehr weit von dem Geschehen, auf das er nach eigener Aussage durch die Erzählung einer Bekannten aufmerksam geworden war. Ausführlich dargestellt wird der Fall von Seiffert (siehe Literaturverzeichnis S. 120–121). Die Veränderungen gehen erheblich weiter, als es für eine „Anonymisierung" der realen Personen notwendig gewesen wäre. Am weitestgehenden ist die Entscheidung, Effi sterben zu lassen, während ihr Vorbild, Elisabeth von Ardenne, geborene Freiin von Plotho, erst 1952 im Alter von fast 100 Jahren stirbt. Diese Bezüge sind vielfach untersucht und dargestellt worden. Da das vorliegende Unterrichtskonzept darauf nicht zurückgreift, soll auf den Zusammenhang nur hingewiesen werden, ohne intensiver darauf einzugehen. Immerhin zeigt die Biografie Elisabeth von Ardennes, die nach der Scheidung als Krankenpflegerin tätig war (was auch Fontane wusste), dass es auch einer geschiedenen Frau möglich war, in der Gesellschaft zu leben.

Die zentrale historische Figur im Roman ist Reichskanzler Otto von Bismarck. Fontane stand ihm sehr kritisch gegenüber, was u. a. in zahlreichen Briefen deutlich wird. Hierzu ein Beispiel aus einem Brief Fontanes vom 1. April 1895 (Bismarcks 80. Geburtstag) an seine Tochter Martha: „[…] Diese Mischung von Übermensch und Schlauberger, von Staatengründer und Pferdestall-Steuerverweigerer […], von Heros und Heulhuber, der nie ein Wässerchen getrübt hat – erfüllt mich mit gemischten Gefühlen und läßt eine reine helle Bewunderung in mir nicht aufkommen. Etwas fehlt ihm, und gerade das, was recht eigentlich die Größe leiht. […]" (Fontane, Theodor: Briefe in zwei Bänden, Bd. II, S. 361 f.)

Bismarck erscheint im Roman nicht eigentlich als politisch Handelnder, und eine so wesentliche biografische Station wie seine Entlassung 1890 wird nicht erwähnt. Es ist trotz gelegentlicher Anspielungen (z. B. Schutzzölle) nicht notwendig, genauere Informationen zu Biografie und Politik Bismarcks zu erarbeiten.

Andere historische Figuren und Ereignisse dienen vor allem dazu, dem Roman einen konkreten und realistischen zeitlichen und örtlichen Rahmen zu schaffen. Das ist insofern von Bedeutung, als Fontane mit Hohen-Cremmen und Kessin zwei nicht real existierende Orte schafft. Wissenschaftler haben zwar Vorbilder gesucht und teilweise identifiziert, doch sind diese für die Unterrichtsarbeit mit dem Roman nicht von Bedeutung.

Wichtiger ist – gerade im Vergleich verschiedener Schauplätze – deren Darstellung im Roman. Die meisten der historischen Anspielungen lassen sich für heutige Leser/-innen nur nach intensiver Recherche inhaltlich füllen. Auffällig ist, dass es nach dem Entdecken der Briefe nahezu keine historischen Verweise mehr gibt. Von dem Moment an fallen alle Personen auf sich zurück, der gesellschaftliche Kontext verliert noch mehr an Bedeutung. Aber schon vorher blendet Fontane gerade die Ereignisse aus, die die Menschen in der Zeit besonders stark beschäftigt haben dürften (z. B. Sozialistengesetz, Dreikaiserjahr 1888 und weitestgehend auch die Entlassung Bismarcks 1890). Der Kaiser, der „große Stücke von ihm [hält]" (S. 10, Z. 14 f.) ist Wilhelm I., der, der seine zweite Beförderung „zu unterzeichnen geruht [hat]" (S. 241, Z. 13 ff.), ist Wilhelm II. Dieser Wechsel wird im Roman nicht erkennbar und scheint zu dem Zeitpunkt auch noch nicht die Bedeutung zu haben, die er in den Folgejahren erhält.

Literarisches Handwerk

Schreiben ist Handwerk. Auch wenn Schriftsteller/-innen immer wieder mal die Eingebung, das Unbewusste für ein Werk „verantwortlich machen" oder durch „bewusstseinserweiternde Stoffe" bzw. entsprechende Schreibverfahren (siehe Oulipo: Ouvroir de Littérature Potentielle) zu diesem Unbewussten vorzudringen versuchen, ist davon auszugehen, dass sie in den meisten Fällen nicht nur wissen, was sie tun, sondern dies auch genau überlegen. (Das heißt nicht, dass ein Werk nicht mehr „enthalten" kann, als sein/e Verfasser/-in wissentlich „hineingesteckt" hat.) Bei einem Roman wie „Effi Briest", der so viele innere und äußere Anspielungen, Verweise, Vorausdeutungen und Symbole enthält, in dem literarische Mittel wie Gespräche, Briefe, Erzählerberichte, Gestaltung von Räumen so gezielt eingesetzt (oder weggelassen) werden, ist es nahezu ausgeschlossen anzunehmen, es sei dem Autor „wie von selbst gekommen" (Fontane), es sei ihm möglicherweise nicht wirklich bewusst gewesen, was er tue (Seiler).

Es ist ausgeschlossen, im Rahmen der vorliegenden Unterrichtseinheit mehr als nur exemplarisch z. B. auf den Einsatz von Literatur, bildender Kunst, Musik oder historischen Ereignissen einzugehen, obwohl die Untersuchung des literarischen Handwerks bis in Details hinein zu spannenden Ergebnissen führen kann.

Hierfür nur drei kleine Beispiele:

1. Auf S. 112, Z. 22–32 kann Fontane es vermeiden, dass Crampas sich weiter zum Thema „Spuk" äußern muss, indem er ihn durch Effi unterbrechen lässt, weil die beiden fast zu Hause sind – und dabei sicher nicht zufällig am Grab des Chinesen vorbeikommen.
2. Auf S. 143, Z. 1– 6 muss sich der auktoriale Erzähler direkt einschalten, weil er das, was ihm wichtig ist, nur mit viel Aufwand aus der Handlung heraus deutlich machen könnte.
3. Auf S. 156, zu einem Zeitpunkt, als Effi aus Kessin fort möchte, aber nicht weiß, wie sie es bewerkstelligen soll, erscheint ihre Mutter quasi als *dea ex machina* und verschafft ihr einen Anlass. Gleichzeitig kann Fontane Effi in diesem Zusammenhang als Intrigen-/„Komödien"spielerin zeigen, ohne dass die Mehrheit der Leser/-innen ihr ihr Verhalten verübeln würde.

Literarische Figuren

Generell sollte Schülerinnen und Schülern für das Schreiben fiktionaler Texte deutlich werden, dass die Frage bei der Auseinandersetzung mit Romangeschehen nur eingeschränkt lauten dürfte: „Warum handelt eine Figur so, wie sie es tut?" Eigentlich müsste sie heißen: „Warum entscheidet sich der/die Autor/-in, eine Figur so handeln zu lassen, wie sie es tut?" Denn literarische Figuren haben keinen freien Willen, sondern bestenfalls ihre Schöpfer/-innen. Aber auch diese letztlich eigentlich nur, solange das erste Blatt oder der Monitor leer ist, denn in dem Moment, in dem das erste Wort geschrieben wurde, ist eine Entscheidung gefallen, die andere Entscheidungen fordert und beeinflusst. Von daher ist/wäre es sicher interessant zu fragen, ob bzw. wo Fontane im Einzelfall die Möglichkeit gehabt hätte, seine Figuren anders handeln zu lassen. Dabei ließe sich allein beim Vergleich mit dem historischen Vorbild zeigen, dass er sich viel Freiheit genommen hat.

Zeigenössische Andeutungen

Viele Hinweise sind – für heutige Leser/-innen sicher mehr als für Fontanes Zeitgenossinnen und Zeitgenossen – nur bei detailgenauer Analyse zu erkennen und erst recht zu deuten, häufig arbeitet Fontane aber auch sehr offen. Konkrete historische Daten helfen bei einer zeitlichen Einordnung, dienen aber auch zur Kommentierung (z. B. Annies Geburt am Tag der Schlacht von Königgrätz). Es sei aber auch vor Überinterpretationen gewarnt; sonst müsste z. B. gerade vor dem Hintergrund von Annies Geburtstag gefragt werden, warum Effi nach der Trennung Innstettens von ihr und dem Scheitern des Lebens in der Pension in die Königgrätzer Straße zieht.

Die Nennung von literarischen Werken (ganz deutlich z. B. Wicherts „Ein Schritt vom Wege" oder Brentanos „Gottesmauer"), Bildern (z. B. „Insel der Seligen") oder Musikstücken (die Lieder, die Marietta Trippelli singt) gibt Hinweise zum Verständnis, kommentiert Situationen und charakterisiert Figuren implizit (siehe auch **M 6**, Aufgabe 3). Peter-Klaus Schuster geht sogar soweit, den ganzen Roman als nach Bildern mit christlichen Motiven konzipiert zu deuten.

Literarisches Handwerk

Symbolik

Pflanzen (vor allem Efeu, Heliotrop und Immortellen) oder Farben (vor allem Gelb und Rot) werden nicht zufällig genannt, kommentieren, weisen voraus oder ab einem gewissen Punkt auch zurück. So ist Efeu als immergrünes Gewächs, das auch auf Friedhöfen gepflanzt wird, Symbol für das ewige Leben (und überwuchert deshalb z. B. die Kirchhofshofsmauer in Hohen-Cremmen [S. 5, Z. 10–13]), weist damit natürlich auch auf Tod hin. Wenn man das beachtet, gibt es im Roman die ersten Hinweise auf (Effis?) Tod schon sehr früh (S. 5, Z. 11; S. 15, Z. 29 f.) Das könnte, neben Briests unbewusstem(?) Hinweisen auf Altersunterschied und Geschlechterrollen, eine Erklärung für Frau von Briests Unzufriedenheit mit der Verlobungsrede ihres Mannes sein. Wenn man allerdings bedenkt, dass Efeu zwar keine parasitäre Pflanze im eigentlichen Sinn ist, aber nicht selten den Baum, an dem er sich emporrankt, abtötet, weist das Bild an dieser Stelle nicht auf Effis Schicksal, sondern kennzeichnet Innstetten als (ihr) zukünftiges Opfer.

Orte und Räume

Eine Analyse der Darstellung von Orten und Räumen zeigt, wie bewusst und bis ins Detail hinein gezielt Fontane sie einsetzt. Das gilt vor allem für die Wohnungen (Hohen-Cremmen, Kessin, Keithstraße und Königgrätzer Straße in Berlin), aber auch für die Natur, beispielhaft sei hier der Schloon genannt. Die Wahrnehmung von Räumen und Natur kennzeichnet Personen und ihr psychische Situation oft, ohne dass dies explizit thematisiert werden müsste (siehe hierzu **M 5**). Das lässt sich ganz allgemein veranschaulichen, wenn die Frage gestellt wird, warum der Autor den Leserinnen und Lesern bestimmte Details zeigt und andere, die zwangsläufig vorhanden sein müssen, nicht. Handlung benötigt Räume, in denen sie abläuft, aber noch stärker als Regie und Kamera in einem Film kann ein/e Autor/-in den Blick lenken und z. B. nur Details zeigen, die sich so im Normalfall im Film nicht herauslösen lassen.

Gespräche und Briefe

Von zentraler Bedeutung für diesen Roman sind Gespräche und Briefe (siehe hierzu **M 8**), hinter denen Erzählerberichte zurücktreten. Der Erzähler füllt gelegentlich nur die „Lücken" zwischen zwei Gesprächen. Doch selbst die Zusammenfassung von Geschehen erfolgt zum Teil nicht im Erzählerbericht sondern im Gespräch. Durch die Gespräche und Briefe steht das Gesagte bzw. Geschriebene als subjektive Aussage der Betreffenden und wird nicht durch die „Autorität" des auktorialen Erzählers gestützt. Es ist also kritischer zu betrachten als das, was der Erzähler sagt. In diesem Zusammenhang muss auf den Umgang mit Erzählzeit und erzählter Zeit zumindest hingewiesen werden.

Bei der Komplexität des Romans ist es nicht nur ausgeschlossen, alle inhaltlichen Aspekte im Unterricht zu thematisieren, sondern dasselbe gilt auch für Fragen des literarischen Handwerks.

Materialien   M 1

Ein Bild von Effi I

„Lesen ist Kino im Kopf" – Wir machen uns beim Lesen (zwar im Rahmen der „Vorgaben" des Autors / der Autorin, aber selbstständiger als im Kino, vor dem Fernseher oder im Theater) unsere eigenen Vorstellungen/Bilder vom Erzählten. Und wenn wir dann einen Film oder eine Aufführung sehen, messen wir das Gesehene an diesen Vorstellungen/Bildern. Einen ähnlichen Weg müssen in der Vorbereitung z. B. eines Films die für die Produktion Verantwortlichen gehen, wenn sie geeignete Schauspieler/-innen suchen.

Stellen Sie sich vor, Sie müssten die Rolle der Effi besetzen und beim Casting hätten sich diese acht jungen Frauen (Schülerinnen des Widukind-Gymnasiums Enger, Jahrgangsstufe 13, Literaturkurs Michael Hellwig, 2009) beworben, von denen Sie hier Fotos vorliegen haben:

1. Für welche Bewerberin würden Sie sich entscheiden?
   Antworten Sie begründend.
   In dieser Begründung sollte erkennbar werden, welches Bild Sie von Effi haben und inwiefern die ausgewählte Person diesem entspricht bzw. zumindest am nächsten kommt.
   Falls Sie sich für keine dieser acht Personen entscheiden wollen, beschreiben Sie, wie Sie sich „Ihre" Effi vorstellen, und bringen Sie gegebenenfalls ein Foto mit.
2. Welche „Bewerberin" eignet sich Ihrer Ansicht nach am wenigsten?
   Antworten Sie begründend.

© Baron, Siegfried; Hiddenhausen 2009

Materialien

M 1

Materialien

M 2

Ein Leben in (36) Bildern – Fotoalbum

Das Standbild/Standfoto

Kinobesucher/-innen kennen die Schaukästen mit Fotos aus Filmen. Diese Standfotos sollen – um zu werben – Personen, Ereignisse, Stimmungen einfangen und fokussieren. Sie schneiden diese gleichsam aus dem Geschehensablauf heraus, weisen aber über das Einzelbild hinaus wieder auf Zusammenhänge.

Ähnliches lässt sich auch bei der Auseinandersetzung mit literarischen Texten tun. Standbilder visualisieren Haupthandlungen, Kernaussagen, das Verhältnis von Menschen zueinander.

Anders als bei der Umsetzung in eine szenische Darstellung, die Zusammenhänge im Ablauf – und unterstützt durch Dialoge – deutlich macht, muss für das Standbild eine markante Konstellation gewählt werden, die sich „einfrieren" lässt, und mit aussagekräftiger Mimik und Gestik präsentiert werden.

Die Inszenierung der Standbilder setzt zwar auf der einen Seite eine sorgfältige Vorbereitung, u. a. eine gute Textkenntnis, voraus, ermöglicht aber auf der anderen Seite auch das experimentelle Erproben. Es ist nicht vordergründiges Abbild, sondern in jedem Fall Interpretation.

Das „klassische" Standbild als vor Publikum präsentiertes lebendes Bild muss ohne Text auskommen, als Standfoto, z. B. in einer PowerPoint-Präsentation, lässt es sich mit Text verbinden. Beides ergänzt einander in der Aussage.

1. Legen Sie in der Gruppe fest, was das Wesentliche des jeweiligen Romankapitels ist und wie es sich in einem Bild festhalten lässt.
2. Beschaffen Sie sich die notwendigen Requisiten.
3. Setzen Sie das Bild in Szene und fotografieren sie es.
   Hierbei sind natürlich mehrere Versuche legitim, Sie müssen sich am Ende aber für ein Bild entscheiden.
4. Wählen Sie als Untertitel für das Foto ein Zitat aus dem Roman aus.
5. Erstellen Sie aus den Einzelfotos eine Bilderfolge (z. B. als PowerPoint-Präsentation).
6. Stellen Sie Ihre Präsentation im Plenum vor und diskutieren Sie sie.
   Bereiten Sie sich im Vorfeld auf Nachfragen und Kritik vor.

„'Hertha, nun ist deine Schuld versenkt', sagte Effi, ‚wobei mir übrigens einfällt, so vom Boot aus sollen früher auch arme, unglückliche Frauen versenkt worden sein, natürlich wegen Untreue.'" (S. 11, Z. 21–24)

„Effi, als sie seiner ansichtig wurde, kam in ein nervöses Zittern [...]" (S. 14, Z. 30)

„'Eine Viertelstunde hab ich noch. Ich mag noch nicht hineingehen, und alles bloß, um einem Landrat guten Tag zu sagen, noch dazu einem Landrat aus Hinterpommern. Ältlich ist er auch, er könnte ja beinah mein Vater sein [...]'" (S. 12, Z. 26–29)

Materialien

M 2

Grund- und Leistungskurs Deutsch,
Jahrgangsstufe 12 – 2009, Widukind-Gymnasium Enger,
Studiendirektor Wilhelm Borcherding

„Die Spaziergänge nach dem Strand und der Plantage, die sie, während Crampas in Stettin war, aufgegeben hatte, nahm sie nach seiner Rückkehr wieder auf [...]" (S. 146, Z. 29 ff.)

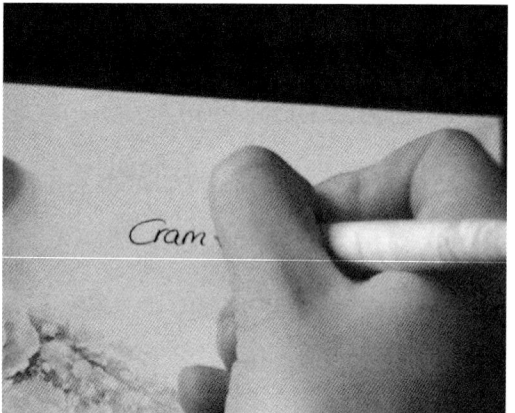

„Sie überflog die Zeilen noch einmal, am fremdesten war ihr das ‚Sie'; aber auch das musste sein; es sollte ausdrücken, dass keine Brücke mehr da sei." (S. 160, Z. 21 ff.)

„[...] Nicht weil wir zu sehr an der Welt hingen und ein Abschiednehmen von dem, was sich ‚Gesellschaft' nennt, uns als etwas unbedingt Unerträgliches erschiene; nein, *nicht* deshalb, sondern einfach, weil wir Farbe bekennen und vor aller Welt, ich kann dir das Wort nicht ersparen, unsere Verurteilung deines Tuns [...] aussprechen wollen ..." (S. 216, Z. 2–8)

„Es lief darauf hinaus, dass man à tempo avancieren und auf zehn Schritt Distanz feuern sollte. Dann kehrte Buddenbrook auf seinen Platz zurück; alles erledigte sich rasch; und die Schüsse fielen." (S. 204, Z. 29–32)

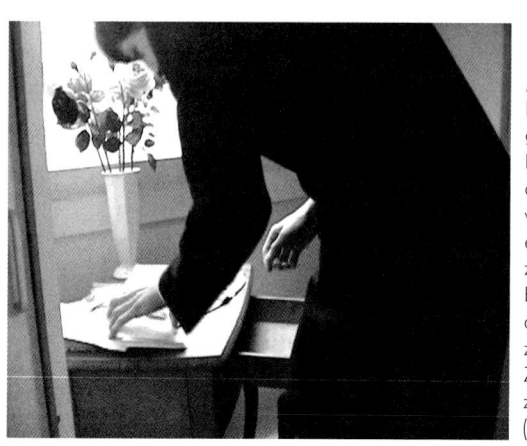

„Aber Effi, wenn sie's auch vermied, gerade über Annie mit Roswitha zu sprechen, konnte die Begegnung in ihrem Herzen doch nicht verwinden und litt unter der Vorstellung, vor ihrem eigenen Kinde geflohen zu sein." (S. 227, Z. 29–32)

„Und während so Frage und Antwort ging, betrachtete Innstetten etwas aufmerksamer als vorher das kleine, mit einem roten Faden zusammengebundene Paket, das mehr aus einer Anzahl zusammengelegter Zettel als aus Briefen zu bestehen schien." (S. 195, Z. 23–26)

„Und als sie das so sagte, waren sie bis an die Schaukel gekommen. Sie sprang hinauf mit einer Behändigkeit wie in ihren jüngsten Mädchentagen [...]" (S. 238, Z. 11 ff.)

Materialien   **M 3**

Romananfänge / erste Sätze

„[...] Das erste Kapitel ist immer die Hauptsache und in dem ersten Kapitel die erste Seite, beinah die erste Zeile. Die kleinen Pensionsmädchen haben so unrecht nicht, wenn sie bei Briefen oder Aufsätzen alle Heiligen anrufen: ‚Wenn ich nur erst den Anfang hätte.' Bei richtigem Aufbau muss in der ersten Seite der Keim des Ganzen stecken. Daher diese Sorge, diese Pusselei. Das Folgende kann mir nicht gleiche Schwierigkeiten machen [...]."

Theodor Fontane in einem Brief an den Literaturhistoriker, Publizisten und Redakteur von „Westermanns Monatsheften" Gustav Karpeles (1848–1909) vom 18.08.1880; Aus: Fontane, Theodor: Briefe in zwei Bänden, ausgewählt und erläutert von Gotthard Erler, München (Nymphenburger Verlagshandlung) 1981, B II, S. 26

1. Erläutern Sie Fontanes Aussage, die zahlreiche andere Schriftsteller ähnlich formuliert haben, und nehmen Sie dazu Stellung.

2. Untersuchen Sie, ob die erste Seite bzw. das erste Kapitel von „Effi Briest" Fontanes Aussage gerecht wird.

3. Die Überlegungen zur Bedeutung eines Romananfangs werden gelegentlich dahingehend pointiert, dass der erste Satz darüber entscheide, ob ein Werk gelesen werde. Er müsse Lust zum Weiterlesen machen.

   a) Halten Sie diese Aussage vor dem Hintergrund Ihrer eigenen Leseerfahrungen für richtig?

   b) Angenommen, die Aussage stimmt: Wie beurteilen Sie dann den ersten Satz von „Effi Briest"?

   c) Stellen Sie Beispiele Ihnen bekannter Romananfänge zusammen, und untersuchen Sie, wie die Autorinnen und Autoren arbeiten.

   d) Wie könnte ein alternativer Anfang von „Effi Briest" aussehen?
   Wählen Sie eine andere Stelle aus dem ersten Kapitel aus, oder formulieren Sie einen eigenen Anfangssatz.

4. Eine wesentliche Funktion eines Romananfangs ist es oft, die zentralen Figuren einzuführen: Untersuchen Sie, wie das im ersten Kapitel geschieht und welches Bild die Leser/-innen von den Personen erhalten.

5. Als ein wichtiges Gestaltungsmittel Fontanes in diesem Roman werden Vorausdeutungen genannt: Untersuchen Sie, ausgehend vom ersten Kapitel, wo und wie Fontane damit arbeitet.

Materialien M 4

Erzählperspektiven

Auktoriale Erzählperspektive

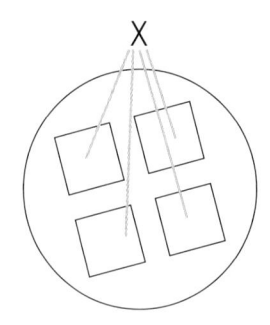

Personale Erzählperspektive

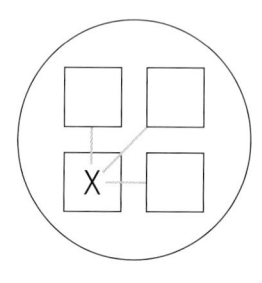

Ich-Erzählperspektive

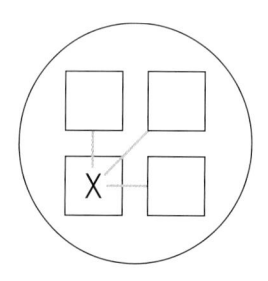

Die Kreise stellen jeweils das Erzählte dar. „X" steht für den/die Erzähler/-in. Die kleinen Quadrate stehen für handelnde Personen.

Hellwig, Michael; Enger 2009

1. Erläutern Sie, ausgehend von den Grafiken, Möglichkeiten und Grenzen der verschiedenen Erzählperspektiven.
2. Konkretisieren Sie Ihre Erläuterungen durch Beispiele aus dem Roman.
   Berücksichtigen Sie dabei u. a. die folgenden (chronologisch angeordneten) Zitate:
   a) „[...] Effi aber schmiegte sich liebkosend an sie und sagte: ‚Verzeih, ich will mich nun eilen; du weißt, ich kann auch rasch sein, und in fünf Minuten ist Aschenputtel in eine Prinzessin verwandelt. [...]'" (S. 13, Z. 32–35)
   b) „‚[...] Es soll ja keine Garnison haben, nicht einmal einen Stabsarzt, und ein Glück, dass es wenigstens ein Badeort ist. [...]'" (S. 25, Z. 24 f.)
   c) „Aber wiewohl sie starker Empfindungen fähig war, so war sie doch keine starke Natur, ihr fehlte die Nachhaltigkeit, und alle guten Anwandlungen gingen wieder vorüber." (S. 143, Z. 1–4)
   d) „‚Ja, Briest; du glaubst immer, sie könne kein Wasser trüben. Aber darin irrst du. Sie lässt sich gern treiben, und wenn die Welle gut ist, dann ist sie auch selber gut. Kampf und Widerstand sind nicht ihre Sache.'" (S. 182, Z. 38–41)
3. Warum wird sich Fontane für die auktoriale Erzählperspektive entschieden haben?
   Antworten Sie begründend, und greifen Sie dafür auf Beispiele aus dem Roman zurück.

Materialien   **M 5**

Orte – Lebensräume – Naturdarstellung

1. Untersuchen und vergleichen Sie die Darstellung der vier Orte, an denen Effi lebt. Betrachten Sie dabei nicht nur die eigentlichen Wohnungen, sondern auch die Natur im engeren Umfeld.

2. Untersuchen Sie, wie diese Lebensräume auf Effi wirken und welche Bedeutung sie für ihre Lebensgeschichte haben.

3. Untersuchen Sie, ausgehend von Ihren bisherigen Ergebnissen zum Stichwort „Natur", Naturdarstellung und -wahrnehmung im Roman. Weisen Sie anhand ausgewählter Beispiele nach, dass Fontane die Naturdarstellung zur impliziten Beschreibung innerer Zustände seiner Figuren einsetzt. Berücksichtigen Sie dabei ganz besonders den Schloon (S. 133, Z. 40 – S. 136, Z. 41).

	Hohen-Cremmen Herrenhaus	Kessin, Wohnhaus der Innstettens	Berlin, Wohnung Keithstraße 1c	Berlin, Wohnung Königgrätzer Straße
Wohnung				
Natur				

Materialien

M 5

	Hohen-Cremmen Herrenhaus	Kessin, Wohnhaus der Innstettens	Berlin, Wohnung Keithstraße 1c	Berlin, Wohnung Königgrätzer Straße
Wirkung auf Effi				
Bedeutung für Effi				

Peter Trom: Deutscher Normal=Roman.

Deutscher Normal=Roman.
In vier Bänden.

I.

Mondscheinabend, Bachesstrand,
Junges Paar in Lieb' entbrannt.
Heldin stammt aus reichem Haus,
Held so arm wie Kirchenmaus —
Stolz, schön, muthig, glühende Herzen,
Schwüre, Necken, Seufzer, Schmerzen,
Glaube, Liebe, Hoffnung, Sehnen,
Zukunftspläne, Trost in Thränen,
Ewige Treue, einige Küsse,
Eingetret'ne Hindernisse,
Alter Nebenbuhler — hu! —
Hat belauscht das Rendezvous.

II.

Sonnenaufgang, gold'ner Schimmer,
Scene: Ihres Vaters Zimmer.
Held mit Frack und hohem Hut
Wirbt um sie, Papa in Wuth —
Schelten, schimpfen, kurze Weigerung,
Mutter bittet, Krämpfe, Steigerung,
Held hinaus, dann Ohnmacht, Schrei'n,
Nebenbuhler tritt herein.

III.

Zeit — die Stunde der Gespenster,
Ort — Schönliebchens Kammerfenster,
Garten, Schatten, warme Luft,
Freiheitsklänge, Blumenduft,
Fenster offen, Reisekleider,
Hofhund schlafend, Thränen, Leiter,
Flucht, Verfolgung, edles Roß,
Vorsprung, Heirath, Tante Voß;
Vater rast, Enterbung, rennt,
Schreibt ein neues Testament.

IV.

Vater kränkelt, denkt an's Kind,
Brief von Mutter: kommt geschwind,
Wiederseh'n, Versöhnungsschmaus,
Vatersegen baut ein Haus;
Letzter Wille — Fidibus!
Nebenbuhler — Hexenschuß,
Schwiegermutter, böse Zunge,
Doctor, Amme, kleiner Junge,
Ganz der Großmama Gesicht.
Gott verläßt die Seinen nicht.

Peter Trom.

Aus: Fliegende Blätter, München (Braun & Schneider) 1880, S. 152; reproduziert nach: Zahn, Eva (Hg.): Facsimile-Querschnitt durch die Fliegenden Blätter, Hamburg, Stuttgart, München (Deutscher Bücherbund) o.J. [© Scherz Verlag, München, Bern, Wien, 1966], S. 162

Materialien   M 6

1. Analysieren und interpretieren Sie das Gedicht, indem Sie zusammenfassend herausarbeiten, was nach Auffassung des Autors die wesentlichen Merkmale des „Deutschen Normal=Romans." sind und wie dieser beurteilt wird.

2. Ein wesentliches Merkmal von Effis Vetter Dagobert ist, dass er die Satirezeitschrift „Fliegende Blätter" liest. Stellen Sie sich vor, Effi hätte darin dieses Gedicht gelesen: Hätte sie es auf sich beziehen können?
Informieren Sie sich hierfür u. a. über die Bücher, die Effi sich von Roswitha aus der Leihbibliothek holen lässt (S. 167).

3. Zeigen Sie, wie sich Effis Lektüre auf ihre Lebenseinstellung und ihr Verhalten ausgewirkt haben kann.

Materialien M 7

Sozialisation

Sozialisation oder auch Sozialisierung bezeichnet sowohl den Prozess als auch das Ergebnis der Persönlichkeitsentwicklung, des Hineinwachsens eines Menschen in gesellschaftliche Struktur- und Interaktionszusammenhänge (Familie, Gruppen, Schichten). Durch die Sozialisation formt das Individuum seine Persönlichkeitsmerkmale aus, erlernt soziales Verhalten und gesellschaftlich verbindliche Normen, die seine Handlungsfähigkeit in der Gesellschaft begründen. Sozialisation ist ein lebenslanger Prozess, der sowohl die absichtsvollen und planvollen Maßnahmen (Erziehung) als auch die unabsichtlichen Einwirkungen auf die Persönlichkeit umfasst.

Während der Sozialisation lernt und verinnerlicht das Individuum in einer bestimmten Situation als angemessen geltende Verhaltensweisen, Formen des Umganges, Regeln, Rollenmuster, Denkweisen und Einstellungen sowie kulturelle Inhalte und spezifische, für die Gesellschaft bedeutsame Motive. Diese sind nicht in allen Gesellschaften identisch.

Die wichtigsten Sozialisationsinstanzen sind die Familie, Bildungseinrichtungen sowie Institutionen wie Vereine oder Kirchen, aber auch die Gleichaltrigengruppen (Peergroups) und Medien. Von Bedeutung im Sozialisationsprozess sind auch der Kommunikationsstil der Eltern, die materiellen und sozialen Bedingungen der Familie sowie die Art und Qualität der Schul- und Berufsausbildung.

Für Sozialisation lässt sich in Anlehnung an einen Satz aus der Kommunikationstheorie formulieren: „Man kann nicht nicht sozialisiert werden." Zu diskutieren wäre, ob es so etwas wie erfolgreiche und erfolglose Sozialisation gibt, wie diese zu definieren wäre und wer dafür die Normen setzt. Eine These hierzu lässt sich wie folgt formulieren: Erfolgreiche Sozialisation ermöglicht dem Individuum das weitgehend konfliktfreie Leben in der jeweiligen Gesellschaft, ohne die eigene Persönlichkeit aufgeben zu müssen; (im Sinne der Gesellschaft) erfolglose Sozialisation führt zu Konflikten, zu Entfremdung.

Hellwig, Michael; Enger 2009

---

1. Informieren Sie sich aus dem vorstehenden Text über Sozialisation und fassen Sie ihn stichwortartig zusammen.
2. Beschreiben Sie als Weiterführung von **M 6** Effis Sozialisation.
3. Untersuchen Sie, welchen Einfluss Effis Sozialisation auf ihre Zustimmung zur und ihre Erwartungen an die Ehe hat.
4. Greifen Sie diese Thematik am Ende Ihrer Beschäftigung mit dem Roman noch einmal auf, indem Sie die Frage beantworten, die Effis Mutter am Ende des Romans stellt: „Ob wir nicht doch vielleicht schuld sind?"
   Gehen Sie bei Ihrer begründenden Antwort auch auf die Punkte ein, in denen Frau von Briest eine mögliche Schuld sieht.
   Erklären Sie in diesem Zusammenhang, welche Antwort Frau von Briest Ihrer Ansicht nach erwartet hat und warum ihr Mann sagt: „Ach, Luise, lass ... das ist ein zu weites Feld."

Materialien M 8 M 9/1

„Innstetten ist ein Erzieher" (M 8)

1. Analysieren und interpretieren Sie das Gespräch zwischen Effi und Crampas während ihres Ausritts ohne Innstetten (S. 109–112), indem Sie u. a. die folgenden Aspekte untersuchen:
   a) Wie kommt es zu dem Gespräch?
   b) Was wird gesagt?
   c) Welche Interessen lassen sich hinter dem Gesagten erkennen?
   d) Wie wirkt das Gesagte, warum wirkt es so, und welche Konsequenzen hat es?

2. Überprüfen Sie, welche objektiven Bestätigungen es im Roman für das gibt, was Crampas über Innstetten sagt.

3. Stellen Sie sich vor, dass Effi Innstetten nach dem Ausritt von dem Gespräch berichtet, und gestalten Sie dieses Gespräch.

4. Erläutern Sie Ihre Produktionsüberlegungen: Warum könnte/würde das Gespräch so ablaufen?
   Gehen Sie im Rahmen Ihrer Erläuterungen auch auf die folgenden Aspekte ein:
   Warum berichtet Effi im Roman Innstetten nicht von dem Gespräch mit Crampas?
   Was hätte sie ihm – vorausgesetzt, Fontane hätte Innstetten fragen lassen – im Roman tatsächlich gesagt?
   Wie würde sich der Roman weiterentwickeln, wenn das von Ihnen geschriebene Gespräch stattgefunden hätte?

5. Untersuchen Sie, welche Funktion die Gespräche im Roman haben.

„Muss es sein?"
Gespräch zwischen Innstetten und Wüllersdorf (M 9/1)

1. Stellen Sie sich vor, das Gespräch zwischen Innstetten und Wüllersdorf (S. 197–201) fände heute statt.
   Gestalten Sie dieses Gespräch.

2. Vergleichen Sie das von Ihnen geschriebene Gespräch mit dem im Roman, und erklären Sie die Unterschiede.

3. Wie lautet Ihre Antwort auf Wüllersdorfs Frage: „Muss es sein?"
   Antworten Sie begründend. Gehen Sie dabei auch auf Innstettens Begründung seines „Ja" ein.

Materialien

M 9/2

Zwischen Pflicht und Neigung

Instetten (Markus Seidensticker), Effi Briest (Franziska Krol), Crampas (Philipp Wirz)

Szenenfotos aus:
Effi Briest, Schauspiel nach dem Roman von Theodor Fontane, Inszenierung des Anhaltischen Theaters Dessau, Spielzeit 2008/2009

Inszenierung:	Tatjana Rese
Bühne und Kostüme:	Pia Wessels
Dramaturgie:	Peter Kunath
Effi:	Franziska Krol
Frau von Briest:	Ursula-Rosamaria Gottert
Herr von Briest:	Hans-Jürgen Müller-Hohensee
Baron Instetten:	Markus Seidensticker
Gieshübler:	Matthias Westphal
Crampas:	Philipp Wirz
Roswitha:	Christel Ortmann
© Theaterfotografin:	Claudia Heysel

Materialien

M 9/2

Effi Briest (Nadja Robiné), Innstetten (Werner Strenger)

Szenenfotos aus:

Effi Briest, Schauspiel nach dem Roman von Theodor Fontane, Inszenierung des Schauspiel Essen, Grillo Theater
Spielzeit 2008/2009

Regie:	Cilli Drexel
Dramaturgie:	Olaf Kröck
Bühne:	Christina Mrosek
Kostüme:	Julia Borchert
Effi Briest:	Nadja Robiné
Innstetten:	Werner Strenger
Crampas:	Krunoslav Šebrek
Roswitha:	Katja Heinrich
Gieshübler:	Rezo Tschchickwischwili

© Theaterotografin: Diana Küster

Crampas (Krunoslav Šebrek), Effi Briest

Die Fotos aus Bühnenadaptionen des Romans im Anhaltischen Theater Dessau und im Schauspiel Essen, Grillo Theater, zeigen Effi mit Innstetten und Crampas.

1. Untersuchen Sie, wie das Verhältnis zwischen Effi und dem jeweiligen Mann dargestellt wird.

2. Nehmen Sie begründend Stellung, ob bzw. wie weit diese Darstellungen/Interpretationen für Sie nachvollziehbar sind.

3. Greifen Sie eine der Situationen auf, und gestalten Sie eine kurze Spielszene.

Materialien   M 10

Die Männer um Effi

1. Analysieren Sie die Beziehung Effis zu Innstetten, Crampas, ihrem Vater, Vetter Dagobert und Gieshübler, und beschreiben Sie die Bedeutung, die diese Männer für Effi haben. Belegen Sie Ihre Ergebnisse mit ausgewählten Zitaten.

   Gehen Sie in Ihrer Darstellung auch auf folgende Fragen ein:
   a) Wäre es denkbar, dass Effi sich von Innstetten hätte scheiden lassen?
   b) Hätte Effi nach einer Scheidung Crampas geheiratet?
   c) Wäre Dagobert von Briest der bessere Ehemann für Effi gewesen?
   d) Wie sähe der „ideale Ehemann" für Effi aus?

   Antworten Sie begründend.

Briest	Dagobert von Briest	Geert von Innstetten	Crampas	Gieshübler

Materialien

M 11

Arnold Böcklin: „Gefilde der Seligen"

1. Als Effi und ihre Mutter in Berlin sind, um Effis Aussteuer zu kaufen, besuchen sie auf besonderen Wunsch ihres Vetters Dagobert die Nationalgalerie, da Dagobert Effi dort das Bild „Insel der Seligen" zeigen will (S. 18, Z. 28–36). Nach allgemeiner Meinung handelt es sich dabei um das Bild „Gefilde der Seligen" von Arnold Böcklin.

   Erklären Sie, ...
   a) ... warum Dagobert Effi vermutlich ausgerechnet dieses Bild zeigt.
   b) ... warum Effis Mutter so reagiert, wie sie es tut.

2. Fontane überlässt es seinen Leserinnen und Lesern, sich auszumalen, wie Effi selbst reagiert. Schreiben Sie einen inneren Monolog, in dem Effi über das Bild und die Situation nachdenkt.

3. Was vermuten Sie, warum Fontane darauf verzichtet, Effis Reaktion darzustellen?

4. Untersuchen Sie, ausgehend von den „Gefilden der Seligen", anhand ausgewählter Beispiele, warum Fontane im Roman wiederholt konkrete Bilder, Musikstücke und literarische Texte nennt.

Böcklin, Arnold (1827–1901), „Die Gefilde der Seligen".
© Foto: akg-images

Materialien

M 12/1

„Weiber weiblich" – Rollenbilder

1. Effi zitiert zu Beginn „eine(n) von Papas Lieblingssätzen": „Weiber weiblich, Männer männlich" (S. 7). Erklären Sie, was das für Sie konkret bedeutet,
   a) wenn Sie sich in die Zeit des Romans hineindenken,
   b) wenn Sie den Satz in die heutige Zeit transferieren.
   Können Sie diesem Satz zustimmen?
2. Untersuchen Sie vor dem Hintergrund von Briests „Lieblingssatz" die verschiedenen Frauen, die im Roman erscheinen, und Effis Beziehung zu ihnen.
3. Warum empfindet Effi im Pensionat „geistigen Druck"?

Luise von Briest	Marietta Trippelli	Sidonie von Grasenabb	Ritterschaftsrätin von Padden	Geheimrätin Zwicker	Betreiberinnen des Pensionats	Bewohnerinnen des Pensionats

53

Materialien

M 12/2

Mutter-Tochter-Beziehung

① Frau von Briest (Ursula-Rosamaria Gottert), Herr von Briest (Hans-Jürgen Müller-Hohensee), Effi (Franziska Krol)

② Herr von Briest, Baron Instetten (Markus Seidensticker), Effi, Frau von Briest

③ Baron Instetten, Effi, Frau von Briest, Herr von Briest

④ Frau von Briest, Effi, Herr von Briest

Szenenfotos – Anhaltisches Theater Dessau
© Theaterfotografin: Claudia Heysel

1. Untersuchen Sie die Fotos aus der Bühnenadaption des Romans im Anhaltischen Theater Dessau, und ordnen Sie ihnen geeignete Textpassagen aus dem Roman zu.
2. Untersuchen Sie, wie die Fotos die Beziehung zwischen Effi und ihrer Mutter deuten.
3. Überprüfen Sie Ihre eigene Deutung der Mutter-Tochter-Beziehung vor dem Hintergrund Ihrer Ergebnisse zu Aufgabe 2.
4. Gestalten Sie, ausgehend von Foto Nr. 2, eine Spielszene.

Materialien M 13

Pläne, Träume

1. „[...] und wenn du nicht ‚nein' sagst, [...], stehst du mit zwanzig Jahren da, wo andere mit vierzig stehen", sagt Frau von Briest zu Effi, als sie ihr mitteilt, dass Baron Geert von Innstetten um ihre Hand angehalten hat.
   Versetzen Sie sich in Effi hinein, und gestalten Sie einen inneren Monolog:
   Wo sieht sie sich in diesem Moment mit vierzig?
   Lassen Sie Effi auch darüber nachdenken, wie sie dorthin kommen wird.

2. Belegen Sie das von „Ihrer" Effi Vorgestellte aus dem Roman heraus.

3. Wo sehen Sie sich selbst mit vierzig, und wie kommen Sie dorthin?

4. Vergleichen Sie Ihre Pläne, Ihre Träume mit denen Effis. Beachten Sie dabei vor allem die jeweils vorgestellten Wege.
   Gehen Sie dabei auch auf die folgenden Fragen ein:
   Würden Sie eher von Plänen oder von Träumen sprechen?
   Wie erklären sich Unterschiede und Gemeinsamkeiten zwischen Effis und Ihren Überlegungen?

5. Welche Risiken sehen Sie für die Realisierung Ihrer persönlichen Pläne und Träume?

Richard David Precht: Liebe – Ein unordentliches Gefühl (Auszüge)

[…] Als meine Großeltern heirateten, hatten sie keine Wahl. Ihre Väter arbeiteten bei der Bahn. Sie verabredeten sich. Mariechen und Willi, fünf Jahre Altersunterschied, das passte. Es hielt zusammen, mehr als fünfzig Jahre; gepasst hatte es nie. Meine Großeltern hatten es sich nicht ausgesucht. Sie suchten sich ja ohnehin nichts selbst aus: ihre Liebe, ihren Beruf, ihren Wohnort, ihren Arzt, ihren Glauben, ihren Lifestyle, ihren Telefonanbieter, ihre Community, ihre Peer Group nicht und auch keinen Therapeuten. Die Kirche blieb im Dorf, die Ansprüche waren gering. […]

Als ich Abitur machte, gab es in Deutschland die ersten Videorekorder. Das war 1984. Telefone hatten noch eine Schnur und gehörten der Post. Das Land wurde immer noch reicher. Aber es gab eine Lehrlingsschwemme und schlechte Berufsaussichten auch für Studierte. Ich konnte meinen Studienort frei wählen und bald auch zwischen zehn Fernsehprogrammen. Ich konnte reisen, wohin ich wollte, nach 1990 sogar in den Osten. Ich musste lernen, einen Computer zu bedienen. Ich konnte mir meine Liebe aussuchen, meinen Beruf, meinen Arzt, meinen Glauben, meinen Lifestyle, meinen Telefonanbieter, meine Community, meine Peer Group und, wenn ich gewollt hätte, meinen Therapeuten. Ich war frei und bekam meine ersten grauen Haare. Der Schutzfaktor der Sonnenmilch hat sich verzehnfacht, die Klimakatastrophe ist zur Gewissheit geworden.

In Zeitungen und Büchern kann man lesen, dass der Öko-Crash nicht mehr aufzuhalten ist. Im Fernsehen werden uns Überbevölkerung, Migration und die Kriege um die natürlichen Ressourcen vor Augen geführt. In unseren realen Lebenswelten aber merkt man nichts davon. Die Menschen sehnen sich noch immer nach mehr: nach einem Maximum an Liebe und Sex, an Glück, an Gesundheit. Sie wollen prominent sein, schlank und niemals alt.

Wir leben keine Normalbiografien mehr wie unsere Großeltern, wir haben Wahlbiografien oder genauer „Bastelbiografien". Wir wählen aus einem immer größeren Sortiment an Lebensmöglichkeiten, und wir *müssen* wählen. Wir sind gezwungen, uns selbst zu verwirklichen, weil wir ohne diese „Selbstverwirklichung" augenscheinlich gar nichts sind. Und uns verwirklichen heißt nichts anderes als auswählen aus Möglichkeiten. Wer keine Wahl hat, kann sich gar nicht selbst verwirklichen. Wer sich dagegen verwirklichen muss, kann auf die Wahl nicht verzichten. Und die wundervolle Chance „Sei du selbst!" ist zugleich eine finstere Drohung. Was ist, wenn mir das nicht gelingt?

Auch in der Liebe erwarten wir heute so viel wie möglich – wir sind es uns wert. In unseren Beziehungen suchen wir vielleicht noch immer einen sozialen Halt. Mehr noch aber suchen wir eine Idealmöglichkeit zur Selbstverwirklichung – in der romantischen Liebe.

Romantik ist die Idee, das flüchtige Gespenst der Verliebtheit in den Rahmen der Liebe zu stecken und ihm in einem selbstgemalten Porträt ein ewiges Antlitz zu geben. Diese Vorstellung ist nicht neu. Vermutlich gab es sie in *ähnlicher* Form bei den alten Griechen sowie in der Renaissance und – zumindest als Idee – auch in der höfischen Kultur des Mittelalters. Diese Idee wurde, wie gesagt, nicht kontinuierlich freigesetzt, und selbst unsere Großeltern wussten nur selten davon. Kein Zweifel aber besteht daran, dass sie heute eine weitverbreitete Vorstellung in den Wohlstandsstaaten zumindest der westlichen Welt ist und dass sie auch in vielen anderen Ländern vorkommt. Das Einzigartige dabei ist ihr Massencharakter. Was auch immer Romantik in der Vorstellungswelt früherer Zeiten gewesen sein mag, unter keinen Umständen war sie etwas, was fürs Volk gedacht war. Romantik war keine realistische Erwartung von Normalsterblichen. Sie war die künstlerische Phantasie einer Oberschicht, eine Passion von Privilegierten.

Heute dagegen ist Romantik ein allgegenwärtiger Anspruch. Wer von geschlechtlicher Liebe redet, der redet in allen Bevölkerungsschichten von Leidenschaft *und* Verständnis, Aufregung *und* Geborgenheit. Und sei es auch nur, dass er das Fehlen des einen oder des anderen bei seinem Liebespartner seufzend bemängelt. Unsere Gesellschaft verfügt nicht nur über einen historisch beispiellosen Wohlstand und ein ebenso einzigartiges Bildungsniveau. Sie setzt auch einen beispiellosen Anspruch auf Glück und Wahl ins Recht. Und sie überbrückt dabei Räume und Zeit durch Autos, Züge, Flugzeuge, Internet und Mobiltelefon. […]

Verlorengegangen in diesem Massenanspruch ist die Rebellion. Romantische Liebe ist heute nicht mehr subversiv und kein Ausfall gegen die Konvention. Im Gegenteil ist sie deren Bestätigung. Im 18. und 19. Jahrhundert war die romantische Liebe oft revolutionär, indem sie die Leidenschaft über die Klassenfrage stellte.

Materialien — M 14

Nicht die Ordnung der Gesellschaft, sondern die Aufwallung der Gefühle sollte über die Liebe entscheiden.
50 Anders in der Neoromantik der 1968er-Bewegung. Hier war es nicht der Klassengegensatz als vielmehr die kleinbürgerliche Sexual-Konvention, die revolutionär in Frage gestellt wurde. Dass solche Provokationen heute nicht mehr möglich sind, weil sie nicht mehr als subversiv erlebt werden, ist ein gutes Zeichen. Der Anspruch auf seelische und körperliche Selbstbestimmung in der Liebe ist heute weitgehend akzeptiert. Was die Romantiker noch in der Literatur, die Neoromantiker in Happenings zum Ausdruck brachten, hat heute
55 einen festen Sitz im Leben.

Wir wollen unsere Liebe leben. Und dieses Ausleben unserer Liebe ist weitgehend ein Selbstzweck. Moderne Beziehungen sind viel mehr um der Liebe willen existent, als das in vorangegangenen Generationen der Fall war [...].

Keine Generation zuvor hatte so viel Zeit, sich um ihre eigene Befindlichkeit zu kümmern. Aber natürlich
60 enthält die gleiche Individualisierung auch die Gefahren der Selbstsucht, der Vereinsamung und des Asozialen. Kein Wunder, dass viele Soziologen in der Individualisierung der heutigen Wohlstandsmenschen nicht nur eine Chance, sondern auch ein Risiko für unsere Liebesbeziehungen sehen. Ehen, so heißt es, werden zum Zweck der Selbstverwirklichung geschlossen und zum Zweck der Selbstverwirklichung wieder geschieden. Die Individualisierung ist ihr wichtigstes Motiv und ihre größte Klippe. Man sucht den anderen, um man
65 selbst zu sein, und man trennt sich wieder, um man selbst zu bleiben. [...]

Richard David Precht. Liebe. Ein unordentliches Gefühl
© 2009 Wilhelm Goldmann Verlag, München, in der Verlagsgruppe Random House GmbH

1. Fassen Sie die wesentlichen Aussagen Prechts zusammen.
2. Zeigen Sie Bezüge zu „Effi Briest" auf.
3. Würden Sie im Zusammenhang mit Effi von einem revolutionären Anspruch auf romantische Liebe sprechen?
   Antworten Sie begründend.
4. Setzen Sie sich mit Prechts Aussage: „Und die wundervolle Chance ‚Sei du selbst!' ist zugleich eine finstere Drohung." auseinander.

Materialien   M 15

„Ich will meine Schuld nicht kleiner machen"

Schuld: Das Nomen Schuld leitet sich von einem nur in germanischen und baltischen Sprachen vorkommenden Verb ab, das „sollen" bedeutet. Schuld bezeichnet ursprünglich etwas, das jemand soll oder schuldig ist, eine Verpflichtung, u. a. auch speziell die Verpflichtung zu einer (Rück-)Zahlung, wenn sich jemand von einer anderen Person Geld geliehen hat. Heute wird hier von Schulden gesprochen. Schuld im Sinne von
5 Verpflichtung zu einer Gegenleistung löst sich später von der Vorstellung einer Geldzahlung und findet sich auch heute noch in Redewendungen wie „in jemandes Schuld stehen", „eine Dankesschuld abtragen". Überwiegend wird das Wort Schuld heute im Sinne des lateinischen *culpa* verwendet. Unterscheiden lässt sich im Wesentlichen zwischen Schuld im juristischen, moralisch-ethischen und religiösen (Sünde) Sinn. Schuld bezeichnet ein zu sühnendes Vergehen, Unrecht. In der Regel wird als Voraussetzung von Schuld das
10 Existieren von Regeln, Gesetzen, Geboten angesehen, die übertreten wurden („*Sine lege nulla poena.* – Ohne Gesetz keine Strafe."). Das Bestehen von Schuld setzt voraus, dass der/die Betreffende für den begangenen Regelverstoß verantwortlich ist. Das bedeutet jedoch nicht zwangsläufig, dass es sich um einen bewussten, beabsichtigten Verstoß handeln muss, der Unrechtsbewusstsein voraussetzt. Zu einem Verstoß kann es auch aus Fahrlässigkeit kommen, für die sogenanntes potenzielles Unrechtsbewusstsein „ausreicht". Als weitere
15 Voraussetzung für Schuld wird meist angenommen, dass der/die Schuldige eine Wahlmöglichkeit hatte und den Verstoß hätte unterlassen können. In der Regel wird Schuld als individuell und nicht übertragbar angesehen, Kollektivschuld, Sippenhaft oder Erbsünde werden abgelehnt. Das bedeutet nicht zwangsläufig, dass auch die sich aus Schuld ergebende Verantwortung unübertragbar wäre (siehe die Diskussion um die Verantwortung der Deutschen für die während des „Dritten Reiches" begangenen Verbrechen). Grundsätzlich ist
20 Verantwortung ein zentraler Begriff im Zusammenhang mit Schuld: Der/Die Schuldige muss die Verantwortung und damit auch die Konsequenzen (z. B. Strafe im juristischen Sinne, gesellschaftliche Ächtung, Verpflichtung zur Wiedergutmachung etc.) seines/ihres Handelns (oder Unterlassens) übernehmen bzw. tragen. Diese Verantwortung muss nicht generell in vollem Umfang bestehen, wenn es sogenannte mildernde Umstände gibt. Um zumindest die Wiederholung schuldhaften Handelns zu verhindern, ist dessen Erkennen
25 unerlässlich. Dabei muss zwischen Schuldanerkenntnis/Schuldbewusstsein und Schuldgefühl unterschieden werden. Dieses muss nicht sachlich begründet sein und kann krankhafte Züge annehmen. Die subjektive, bewusste oder unbewusste Überzeugung, einer Person Unrecht angetan oder gegen ein Gebot oder Gesetz verstoßen zu haben, wird psychoanalytisch vor allem als Ausdruck eines innerpsychischen Konflikts gedeutet, dessen Bewältigung in einer Therapie versucht werden kann.

Hellwig, Michael; Enger 2009

1. Was ist „Schuld"?
   Formulieren Sie zunächst knapp schriftlich, wie Sie diesen Begriff verstehen,
   und vergleichen Sie dann mit der oben stehenden Darstellung.

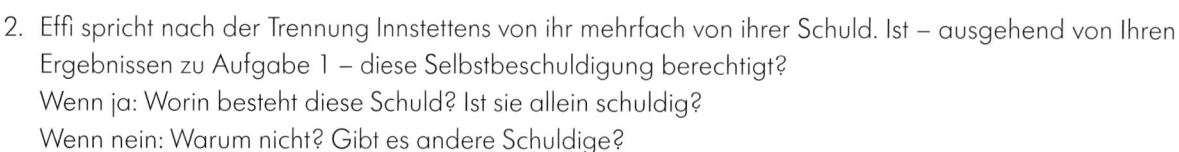

2. Effi spricht nach der Trennung Innstettens von ihr mehrfach von ihrer Schuld. Ist – ausgehend von Ihren
   Ergebnissen zu Aufgabe 1 – diese Selbstbeschuldigung berechtigt?
   Wenn ja: Worin besteht diese Schuld? Ist sie allein schuldig?
   Wenn nein: Warum nicht? Gibt es andere Schuldige?

3. Erklären Sie, warum die Leser/-innen Effi mehrheitlich offenbar verzeihen.

Ein Roman in seiner Epoche

Realismus (von lateinisch *res:* Sache, Wirklichkeit) bezeichnet in der Kunst- und Literaturtheorie eine Art und Weise der Darstellung und in der Literaturgeschichte eine Epoche in der zweiten Hälfte des 19. Jahrhunderts zwischen Vormärz / Biedermeier und Naturalismus. Hier wird zur Abgrenzung von der Darstellungsweise, die auch zu anderen Zeiten Anwendung fand, vom poetischen oder bürgerlichen Realismus (in Deutschland ca. 1848 bis ca. 1890, in Frankreich bereits ab 1830) gesprochen.

Nachahmung bzw. Abbildung der Natur/Wirklichkeit, Mimesis, wird schon von Aristoteles (384–322 v. Chr.) thematisiert. Realistische Darstellung, Darstellung von Wirklichkeit als Gegensatz etwa zu idealistischer oder romantischer Überhöhung oder zu „Ästhetizismus" und „Formalismus" zieht sich seit der Antike durch die Literaturgeschichte. Sie meint eine inhaltliche Hinwendung zur „Realität" und besondere „Wirklichkeitstreue", wobei durchaus keine Einigkeit darüber bestand, was das konkret bedeutet. Die Diskussion hatte häufig weltanschauliche, ideologische Elemente (beispielsweise im Sozialistischen Realismus).

Realismus meint beobachtbare, durch die Sinne wahrzunehmende Wirklichkeit des Menschen und der Natur und grenzt sich bewusst ab von Übernatürlichem (z. B. Religion), das man als Illusion, als „unwirklich" ansah.

Als künstlerische Leitidee wurde Realismus seit 1830 diskutiert und von vielen Künstlern zum Programm erhoben. Es gab enge Bezüge zur materialistischen Philosophie (Karl Marx) und zu den durch den Aufschwung der Naturwissenschaften und die Industrielle Revolution eingeleiteten technischen und gesellschaftlichen Umwälzungen, etwa dem Aufstieg des Bürgertums. In Deutschland spielte die „Ära Bismarck" mit der Reichsgründung 1871 eine bedeutende Rolle. Die meisten Realisten standen Bismarck und der eigenen Zeit eher distanziert gegenüber.

Realismus wurde nahezu in ganz Europa zum Epochenbegriff. Zentrales Thema der Realisten war die menschliche Gesellschaft, waren die gesellschaftlichen Verhältnisse. Diese sollte(n) unparteiisch beobachtet und dargestellt werden. Allerdings wurde im Grunde nur ein Ausschnitt dieser Gesellschaft betrachtet, das Bürgertum. Die Unterschicht, der sogenannte „vierte Stand", wurde erst von der nachfolgenden Epoche des Naturalismus in den Blick genommen. Für den Realismus galt die Darstellung des Lebens dieser Schicht ebenso als unkünstlerisch wie die Darstellung von Sexualität und Krankheit. Einigen frühen Realisten (z. B. Gustav Freytag [1816–1895] – „Soll und Haben") ging es bevorzugt um die Darstellung der wirtschaftlichen Verhältnisse des Bürgertums. Diese Werke waren bewusst politisch, zur Untermauerung des bürgerlichen Selbstbewusstseins und Machtanspruchs gegenüber dem Adel, gerade nach dem Scheitern der (bürgerlichen) Revolution von 1848.

Der realistische Roman dieser Zeit verzichtet – nach französischem Vorbild (Honoré de Balzac, Gustave Flaubert) – zugunsten objektivierender Darstellungsformen auf eine individuelle Erzählerfigur. So kann bzw. muss der/die Leser/-in ein eigenes Urteil fällen. Während der französische Realismus durch eine sozialkritische, antibürgerliche Haltung geprägt ist, ist in Deutschland eine Neigung zu idyllischer Resignation und zu Vermittlung zwischen subjektiver und objektiver Weltsicht prägend. Der deutsche poetische Realismus wendet sich oft explizit gegen das „Hässliche", vermeidet die Darstellung dieser Seite der Wirklichkeit, überspielt sie gelegentlich mit Humor und ist letztlich weniger realistisch als der französische. Trotzdem thematisiert er häufig eine Welt, in der das Individuum mit seiner Hoffnung auf persönliches Glück an den Konventionen der Gesellschaft und den Intrigen seiner Mitmenschen scheitert. Jedoch sind die Vertreter des poetischen Realismus wenig auf politische Veränderungen bedacht, zeigen mehr die unveränderbaren Unzulänglichkeiten des allgemein Menschlichen. Das ist zum Teil aus einer gewissen Resignation und einem Rückzug ins Private nach der gescheiterten Revolution von 1848 zu erklären. Humor bedeutet eine verstehende Haltung gegenüber den Umständen der Zeit, aber auch eine Waffe gegen ihre Bedrohungen, bedeutet resignative Relativierung, Nicht-Partei-Ergreifen.

Wesentliche Gattungen des Realismus sind Roman und Novelle, vereinzelt das Drama, kaum die – als besonders subjektiv empfundene – Lyrik. Neben zeitgenössischen Stoffen stehen auch historische.

Materialien

M 16

Wichtige deutschsprachige Autoren und Werke der Epoche sind Theodor Fontane (1819–1898) – „Der Stechlin", „Effi Briest", „Frau Jenny Treibel", „Irrungen Wirrungen", „Schach von Wuthenow"; Friedrich Hebbel (1813–1863) – „Agnes Bernauer", „Maria Magdalena"; Gottfried Keller (1819–1890) – „Der grüne Heinrich", „Die Leute von Seldwyla", „Romeo und Julia auf dem Dorfe"; Conrad Ferdinand Meyer (1825–1898) – „Das Amulett", „Jürg Jenatsch"; Wilhelm Raabe (1831–1910) – „Der Hungerpastor", „Die Chronik der Sperlingsgasse", „Stopfkuchen"; Theodor Storm (1817–1888) – „Aquis Submersus", „Der Schimmelreiter", „Immensee".

Hellwig, Michael; Enger 2009

1. Fassen Sie die wesentlichen Kennzeichen der literarische Epoche des Realismus zusammen.
2. Untersuchen Sie, inwieweit sich in Fontanes Roman Merkmale des Realismus nachweisen lassen, und zeigen Sie, dass sich in diesem Roman eine Entwicklung / ein Umbruch andeutet.

Materialien **M 17/1**

„Effi Briest" auf der Bühne (Auszüge aus drei Bühnenfassungen)

Effi Briest (Nadja Robiné)
Regie/Inszenierung: Cilli Drexel, Olaf Kröck
(Schauspiel Essen, Grillo Theater, 2008)
© Theaterfotografin: Diana Küster

Effi Briest (Franziska Krol)
Inszenierung: Tatjana Rese
(Anhaltisches Theater Dessau, 2008)
© Theaterfotografin: Claudia Heysel

Effi Briest (Stefanie Dischinger)
Dramaturgie: Ann-Marie Arioli
Inszenierung: Lukas Popovic
(Kammer-Theater Aachen, 2008)
© Theaterfotograf: Carl Brunn

1. „Effi Briest" ist in den letzten Jahren nicht nur mehrfach verfilmt, sondern auch für das Theater bearbeitet worden. Eine solche Bearbeitung verlangt u. a. die Anpassung der Zahl der handelnden Personen an die Bedingungen der Bühne:
Stellen Sie sich vor, dass Sie „Effi Briest" bearbeiten würden. Welche Figuren müssten erscheinen? Antworten Sie begründend. Gehen Sie dabei zumindest beispielhaft auch darauf ein, warum Sie sich gegen bestimmte Figuren entschieden haben.

2. Gestalten Sie die Anfangsszene einer Bühnenfassung, und erläutern Sie Ihre Entscheidungen.

3. Vergleichen Sie die Ergebnisse der verschiedenen Gruppen miteinander.
   a) Wie wurde mit der Vorlage umgegangen?
   b) Was sind Stärken bzw. Schwächen der einzelnen Versionen?
   c) Für welche Version würden Sie sich entscheiden, wenn Sie Intendant/-in eines Theaters wären?

   Antworten Sie begründend.

4. Vergleichen Sie die Bühnenfassungen von Arioli, Rese und Kröck/Drexel miteinander (**M 17/1/1, M 17/1/2, M 17/1/3**). Gehen Sie dabei auf die folgenden Fragen ein:
   a) Wie gehen die Autorinnen und Autoren mit ihrer Vorlage um?
   b) Welche Konsequenzen ergeben sich Ihrer Ansicht nach aus den jeweiligen Rollenentscheidungen?
   c) Welches Bild der handelnden Personen entsteht in den verschiedenen Anfangsszenen?
   d) Wie stellen Sie sich die weitere Darstellung des Geschehens vor?
   e) Welche Version ist für Sie die überzeugendste?

   Antworten Sie begründend. Gehen Sie dabei auch darauf ein, was für Sie (eher) gegen die anderen Versionen spricht.

5. Beschreiben Sie die Unterschiede zwischen Roman und Bühnenstück(en) in der Wirkung auf das Publikum.

Materialien

M 17/1/1

Ann-Marie Arioli (Kammer-Theater Aachen, 2008)

Rollen: Briest, Effi Briest, Geert Baron von Innstetten

Prolog

Briest: Ja, Luise, die Kreatur. Das ist ja, was ich immer sage. Es ist nicht so viel mit uns, wie wir glauben. Da reden wir immer von Instinkt. Am Ende ist es doch das Beste. Sprich nicht so. Wenn du so philosophierst ... nimm es mir nicht übel, Briest, dazu reicht es bei dir nicht aus. Du hast einen guten Verstand, aber du kannst doch nicht an solche Fragen ...

Eigentlich nicht. Und wenn denn schon überhaupt Fragen gestellt werden sollen, da gibt es ganz andere, Briest, und ich kann dir sagen, es vergeht kein Tag, seit das arme Kind da liegt, wo mir solche Fragen nicht gekommen waren ...

Welche Fragen? Ob wir nicht vielleicht doch schuld sind?

Unsinn, Luise. Wie meinst du das? Ob wir sie nicht anders in Zucht hätten nehmen müssen. Gerade wir. Und dann, Briest, so leid es mir tut ... deine beständigen Zweideutigkeiten ... und zuletzt, womit ich mich selbst anklage, denn ich will nicht schadlos ausgehen in dieser Sache, ob sie nicht doch vielleicht zu jung war?

Rollo, der bei diesen Worten aufwachte, schüttelte den Kopf langsam hin und her und legte ihn wieder auf die Pfoten. Briest sagte ruhig: „Ach, Luise, das ist ein zu weites Feld."

1. Hohen-Cremmen

Briest: In Front des von der Familie Briest bewohnten Herrenhauses zu Hohen-Cremmen fiel heller Sonnenschein auf die mittagsstille Dorfstraße, während nach der Park- und Gartenseite hin ein rechtwinklig angebauter Seitenflügel einen breiten Schatten auf ein großes, in seiner Mitte mit einer Sonnenuhr und an seinem Rande mit Canna indica und Rhabarberstauden besetztes Rondell warf. Beide, Mutter und Tochter Briest, waren fleißig bei der Arbeit, die der Herstellung eines Altarteppiches galt. Rasch und sicher ging die Wollnadel der Damen hin und her, aber während die Mutter kein Auge von der Arbeit ließ, legte die Tochter, die den Rufnamen Effi führte und 17 Jahre alt war, von Zeit zu Zeit die Nadel nieder und erhob sich, um unter allerlei kunstgerechten Beugungen und Streckungen den ganzen Kursus der Heil- und Zimmergymnastik durchzumachen.

Effi: Mama erwartet nämlich Besuch, einen alten Freund aus ihren Mädchentagen her, von dem ich euch erzählen muss, eine Liebesgeschichte mit Held und Heldin und zuletzt mit Entsagung. Ihr werdet Augen machen und euch wundern. Übrigens habe ich Mamas alten Freund schon gesehen; er ist Landrat, gute Figur und sehr männlich.

Briest: Das ist die Hauptsache.

Effi: Freilich ist das die Hauptsache, ‚Weiber weiblich, Männer männlich' – das ist einer von Papas Lieblingssätzen.

Innstetten: Und er heißt Geert von Innstetten, Baron von Innstetten.

Effi: Er ist geradeso alt wie Mama, auf den Tag. Achtunddreißig.

Briest: Ein schönes Alter.

Effi: Ist es auch, namentlich wenn man so aussieht wie die Mama. Sie ist doch eigentlich eine schöne Frau. Wenn ich ein junger Leutnant wäre, so würd ich mich in die Mama verlieben. Also Baron Innstetten! Als er noch keine zwanzig war, stand er drüben bei den Rathenower Husaren und am liebsten war er bei Großvater drüben. Wenn die Mama davon erzählt, so kann jeder leicht sehen, um wen es eigentlich war. Und ich glaube, es war auch gegenseitig ...

Innstetten: Und wie kam es nachher?

Materialien

M 17/1/1

Effi: Nun, es kam, wie's kommen mußte, wie's immer kommt. Er war noch viel zu jung, und als mein Papa sich einfand, der schon Ritterschaftsrat war und Hohen-Cremmen hatte, da war kein langes Besinnen mehr, und sie nahm ihn und wurde Frau von Briest ... Und das andere, was sonst noch kam, nun ... das andere bin ich.

Briest: Das Leben hat Innstetten sich nicht genommen, sonst könnten wir ihn heute nicht erwarten.

Innstetten: Innstetten nahm den Abschied und fing an, Juristerei zu studieren, wie Briest sagt, mit einem ‚wahren Biereifer'; nur als der Siebziger Krieg kam, trat er wieder ein und hat auch das Kreuz. Und gleich nach dem Krieg saß er wieder bei seinen Akten, und es heißt, Bismarck halte große Stücke auf ihn, und auch der Kaiser, und so kam es denn, daß er Landrat wurde, Landrat im Kessiner Kreise.

Effi: Warum kommt er so früh? Kavaliere kommen nicht zu spät, aber noch weniger zu früh. Verzeih, ich will mich nun eilen; du weißt, ich kann auch rasch sein, und in fünf Minuten ist Aschenputtel in eine Prinzessin verwandelt.

Briest: Es ist am Ende das Beste, du bleibst, wie du bist. Ja, bleibe so. Du siehst gerade sehr gut aus. Und wenn es auch nicht wäre, du siehst so unvorbereitet aus, so gar nicht zurechtgemacht, und darauf kommt es in diesem Augenblick an. Ich muß dir nämlich sagen, Effi ... ich muß dir nämlich sagen ...

Effi: Aber Papa, was hast du nur? Mir wird ja ganz angst und bange.

Briest: Ich muß dir nämlich sagen, Effi, daß Baron Innstetten heute um deine Hand angehalten hat.

Effi: Um meine Hand angehalten? Und im Ernst?

Briest: Es ist keine Sache, um einen Scherz daraus zu machen. Du hast ihn vorgestern gesehen, und ich glaube, er hat dir auch gut gefallen. Er ist freilich älter als du, was alles in allem ein Glück ist, dazu ein Mann mit Charakter, von Stellung und guten Sitten, und wenn du nicht nein sagst, was ich mir von meiner klugen Effi kaum denken kann, so stehst du mit zwanzig Jahren da, wo andere mit vierzig stehen. Du wirst deine Mama überholen.

Aus: Effi Briest. Nach dem gleichnamigen Roman von Theodor Fontane. In der Fassung von Ann-Marie Arioli, © Arioli, Ann-Marie, Aachen 2008

Effi Briest (Stefanie Dischinger), Innstetten (Thomas Hamm), Briest (Heino Cohrs) © Theaterfotograf: Carl Brunn

Materialien

M 17/1/2

Tatjana Rese (Anhaltisches Theater Dessau, 2008)

Rollen: Effi Briest, ihre Mutter, der alte Briest, ihr Vater, Baron Geert von Instetten, Alonzo Gieshübler, Major von Crampas, Roswitha, der Chinese, Chor der Freundinnen

Vorspiel

Musik.

Effi allein. Sie ist ausgelassen und tobt herum. Sie springt und läuft und macht dabei oft absichtlich ins Komische gezogene gymnastische Übungen. All dem gibt sie sich mit ganz besonderer Begeisterung hin.

1. Bild

Briest, seine Frau, Baron von Instetten. Im Garten Effi.

Mutter:	*(Zeigt stolz hinaus zu Effi.)* Immer am Trapez, immer Tochter der Luft!
Instetten:	Diese kunstgerechten Beugungen und Streckungen!
Mutter:	Sie gibt sich dem mit ganz besonderer Liebe hin.
Briest:	Lieber Instetten, eine beamtliche Lebenssicherung, sie ist mir selbstverständlich auch verschiedentlich angetragen worden. Aber ich habe jedes Mal gedankt. Hier leb ich so freiweg und freue mich über jedes grüne Blatt und über den wilden Wein, der da drüben in die Fenster wächst.
Instetten:	Diese turnerischen Drehungen! Immer abwechselnd nach links und rechts!
Mutter:	Sie turnt so entzückend seit Kindesbeinen an.
Instetten:	Was für ein Schwung! Ein Sprung!
Mutter:	Und immer so mit Übermut und Grazie.
Instetten:	Sie könnte dabei ausgleiten und ein Bein brechen.
Briest:	Das glaub ich nicht.
Mutter:	*(Ruft nach draußen.)* Effi, komm!
Briest:	Was ein richtiges Bein ist, das bricht nicht so leicht.

Effi kommt von draußen herein, ganz atemlos und verschwitzt.

Mutter:	Die Effi: so unvorbereitet, so gar nicht zurechtgemacht! Aber darauf kommt es in diesem Augenblicke nicht an. Ich muss dir nämlich sagen, meine süße Effi ... ich muss dir nämlich sagen ...
Effi:	Aber Mama, was hast du nur? Mir wird ja ganz angst und bange.
Mutter:	Ich muss dir nämlich sagen, Effi, dass Baron Instetten eben um deine Hand angehalten hat.
Effi:	Um meine Hand angehalten?
Briest:	Er ist ein Mann von Charakter, von Stellung und guten Sitten, und wenn du nicht nein sagst, was ich mir von meiner klugen Effi kaum denken kann, so stehst du mit zwanzig Jahren da, wo andere mit vierzig stehen.
Mutter:	Du wirst deine Mama weit überholen.

Effi schaut zu Instetten hinüber und kommt in ein nervöses Zittern. Er verbeugt sich vor ihr und küsst ihr die Hand.

Instetten:	Fräulein Effi. Geert von Instetten.
Effi:	Geert? So heißt doch hier kein Mensch.
Briest:	Er ist geradeso alt wie Mama, auf den Tag.
Mutter:	Ein schönes Alter.
Instetten:	Landrat, Landrat im Kessiner Kreise.
Effi:	Kessin? Ich kenne kein Kessin?

Materialien

M 17/1/2

Briest:	Nein, hier in unserer Gegend liegt es auch nicht; es liegt eine hübsche Strecke von hier fort.
Instetten:	In Pommern, in Hinterpommern sogar. Es ist ein Badeort.
Briest:	So! Jetzt wollen wir mal alle in das allgemeine Familien-Du übergehen. Dabei möchte ich es nicht versäumen, für alle eine Art Gemütlichkeitsrangliste aufzustellen: Für meine Frau möchte ich auf dem Fortbestand von „Mama" bestehen, während ich für meine Person, unter Verzicht auf den Ehrentitel „Papa", das einfache Briest entschieden bevorzugen möchte. Und was unsere Kinder angeht, nun, so ist Effi eben Effi und Geert Geert. Geert, wenn ich nicht irre, hat die Bedeutung von einem schlank aufgeschossenen Stamm, und Effi ist dann also der Efeu, der sich darum zu ranken hat.
Effi:	*(Mit einem Ausdruck kindlicher Heiterkeit.)* Geert.
Instetten:	*(Mit jeweils leichter Verbeugung.)* Briest. Mutter. Meine Effi. Nun, Effi, wie ist dir jetzt?
Effi:	Wie mir ist? Oh, ganz gut. Wir nennen uns jetzt ja schon „Du" und bei Vornamen, Geert.
Briest:	Instetten ist, musst du wissen, ein alter Freund deiner Mutter.

Aus: EFFI BRIEST Theaterfassung von Tatjana Rese nach dem gleichnamigen Roman von Theodor Fontane
Mit freundlicher Genehmigung: © Rese, Tatjana, Berlin

Effi Briest (Franziska Krol) © Theaterfotografin: Claudia Heysel

Materialien   M 17/1/3

Olaf Kröck, Cilli Drexel (Schauspiel Essen, Grillo Theater, 2008)

Rollen: Effi Briest, Frau von Briest, Herr von Briest, Baron Innstetten, Gieshübler, Major Crampas, Roswitha, Wüllersdorf

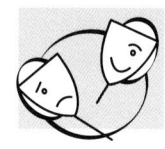

Prolog

(Effi alleine auf der Bühne)

Effi: Liebe kommt zuerst, aber gleich hinterher kommt Glanz und Ehre, und dann kommt Zerstreuung – ja, Zerstreuung, immer was Neues, immer was, daß ich lachen oder weinen muß. Was ich nicht aushalten kann, ist Langeweile. Aber hier bin ich immer glücklich gewesen, so glücklich …

1. Szene

Frau von Briest: Nicht so wild, Effi, nicht so leidenschaftlich. Ich beunruhige mich immer, wenn ich dich so sehe.

Effi: Denkt doch mal nach, ich falle jeden Tag wenigstens zwei-, dreimal, und noch ist mir nichts gebrochen. Was ein richtiges Bein ist, das bricht nicht so leicht, meines gewiss nicht.

Frau von Briest: Man soll sein Schicksal nicht versuchen; Hochmut kommt vor dem Fall.

Effi: Aber du sagtest, er sei Landrat?

Frau von Briest: Allerdings, Landrat. Und er heißt Geert von Innstetten, Baron von Innstetten.

Effi: Geert? So heißt doch hier kein Mensch. Die adeligen Namen haben oft so was Komisches.

Frau von Briest: Ja, meine Liebe Effi, das haben sie. Dafür sind es eben Adelige.

Effi: Also Baron Innstetten! Als er noch keine Zwanzig war, stand er drüben bei den Rathenowern und verkehrte viel auf den Gütern hier herum, und am liebsten war er in Schwantikow drüben bei meinem Großvater Belling. Natürlich war es nicht des Großvaters wegen, daß er so oft drüben war, und wenn Mama davon erzählt, so kann jeder leicht sehen, um wen es eigentlich war. Und ich glaube, es war auch gegenseitig. Nun, es kam, wie's kommen mußte, wie's immer kommt. Er war ja noch viel zu jung, und als mein Papa sich einfand, der schon Ritterschaftsrat war und Hohen-Cremmen hatte, da war kein langes Besinnen mehr, und sie nahm ihn und wurde Frau von Briest.

Frau von Briest: Effi!

Effi: … Und das andere, was sonst noch kam, nun, … das andere bin ich.

Frau von Briest: Effi!

Effi: Aber Mama, was hast du nur? Mir wird ja ganz angst und bange.

Frau von Briest: … Ich muß dir nämlich sagen, Effi, daß Baron Innstetten eben um deine Hand angehalten hat.

Effi: Um meine Hand angehalten? Und im Ernst?

Frau von Briest: Es ist keine Sache, um einen Scherz daraus zu machen. Du hast ihn vorgestern gesehen, und ich glaube, er hat dir auch gut gefallen. Er ist freilich älter als du, was alles in allem ein Glück ist, dazu ein Mann von Charakter, von Stellung und guten Sitten, und wenn du nicht nein sagst, was ich mir von meiner klugen Effi kaum denken kann, so stehst du mit zwanzig Jahren da, wo andere mit vierzig stehen. Du wirst deine Mama weit überholen.

Effi: Effi schwieg und suchte nach einer Antwort.

Herr von Briest: Aber ehe sie diese finden konnte, hörte sie schon des Vaters Stimme von dem angrenzenden, noch im Fronthause gelegenen Hinterzimmer her, und gleich danach überschritt Ritterschaftsrat von Briest,

Innstetten: mit ihm Baron Innstetten.

Effi: Noch an demselben Tage hatte sich Baron Innstetten mit Effi Briest verlobt.

(Innstetten tritt dazu)

Materialien M 17/1/3

Innstetten: Innstetten, der nur einen kurzen Urlaub genommen, war schon am folgenden Tage wieder abgereist, nachdem er versprochen hat, jeden Tag schreiben zu wollen.
Effi: Ja, das mußt du. Ich kenne seit Jahren nichts Schöneres als beispielsweise den Empfang vieler Geburtstagsbriefe.

© Kröck, Olaf; Drexel, Cilli; Schauspiel Essen 2008

Effi (Nadja Robiné) © Theaterotografin: Diana Küster

Ein Roman auf der Bühne
(Interview mit Ann-Marie Arioli, Chefdramaturgin Theater Aachen, und Olaf Kröck, Dramaturg Schauspiel Essen)

Theodor Fontanes „Effi Briest", Cornelia Funkes „Tintenherz", Charlotte Roches „Feuchtgebiete", Thomas Vinterbergs „Das Fest": drei Romane, ein Film – vier Beispiele aus einer wachsenden Zahl nicht für die Bühne geschaffener Werke, die es inzwischen auch als Bühnenversionen gibt. Wie kommt das?

Ann-Marie Arioli: In den letzten zwanzig bis dreißig Jahren scheint es so, als seien zunehmend mehr Romane und Filme auf der Bühne zu sehen. Dafür gibt es drei Gründe bzw. Beobachtungen:

1. Das deutsche Theater hat im 20. Jahrhundert das Regietheater erfunden und weiterentwickelt. Mit der äußerst erfolgreichen (auch im Ausland viel beachteten) Tradition der Aufwertung der Regie im Theater entsteht auch der Anspruch der Regisseurinnen und Regisseure, sich Stoffe selbst für die Bühne zu erarbeiten. In europäischen Theatertraditionen, wie zum Beispiel Polen, finden sich häufig Autorschaft und Regie in derselben Hand.

2. Die Bekanntheit der Stücke und Stoffe: Im Medien- und Informationszeitalter ist die Menge und Verschiedenheit der zu verarbeitenden Informationen, aber auch der Unterhaltungsmedien stark angestiegen. Internet, Fernsehen, Kino, aber auch Konzerte und Events haben dem Theater als dem großen Unterhaltungsmedium des 19. Jahrhunderts den Rang abgelaufen. Es wird viel gelesen, aber nur noch selten liest man Stücke. Wenn es darum geht, mit der Bekanntheit eines Stoffes Zuschauer ins Theater zu locken, muss man sich heute mit Romanen oder Prosaliteratur auseinandersetzen. Auch Filme erreichen sehr viel mehr Zuschauer und damit einen höheren Bekanntheitsgrad. Allerdings sind Drehbücher auch so etwas wie Theaterstücke und nicht wenige Filme basieren, auch wenn das oft wenig bekannt ist, auf Bühnenstücken und wurden erst dann verfilmt. Darüber hinaus benutzt der Film noch häufiger als das Theater Romane für seine Drehbücher.

3. Die Dramatisierung von Prosaliteratur ist keine neue Erscheinung. In Russland beispielsweise stammt die Tradition der Dramatisierung von Romanen aus dem 19. Jahrhundert und jedes der großen russischen Epen wurde bald nach Erscheinen für die Bühne erarbeitet. Nicht selten gründen auch die großen deutschen Dramen auf dokumentarischen oder literarischen Stoffen wie zum Beispiel „Faust" und „Dantons Tod".

Olaf Kröck: Ich denke auch nicht, dass dies eine neue Entwicklung ist. Weder im Theater noch im Film. Es gibt auch eine Vielzahl von Autoren, die z. T. selber daran beteiligt waren, ihre Prosatexte für die Bühne zu bearbeiten. Der bekannteste aus jüngerer Zeit war sicher George Tabori.

Das Theater will Geschichten erzählen, will Geschichten lebendig machen. Da ist ihm jede Vorlage recht, die sich zum Erzählen auf der Bühne eignet, die es wert ist, erzählt zu werden. Ob die literarische Vorlage von Beginn an dialogisch verfasst war oder eine andere Form hatte, spielt doch keine Rolle. Hinter der Frage steckt immer ein latenter Vorwurf: Das darf man doch nicht! Ich frage dagegen: Warum nicht? Warum soll Kunst sich nicht jedes Recht herausnehmen. Ich finde, nur die Geschichten, die nichts zu sagen haben, lohnen nicht, immer und immer wieder und in den verschiedensten Formen neu erzählt zu werden.

Schon 2004 beklagte Gerhard Stadelmaier im Feuilleton der „Frankfurter Allgemeinen Zeitung", dass „echte" neue Dramen von den Bühnen vertrieben würden. Er nannte das „Entstückung" der Theaterspielpläne und gab „Armutsalarm". Ihre Antwort darauf?

Olaf Kröck: Ich finde es bedauerlich, wie eng hier der Rahmen gesteckt wird für das, was Theater „darf" oder eben nicht „darf". Schiller hat seinen „Don Carlos" als Lesedrama konzipiert, Goethe konnte sich nicht vorstellen, wie der „Faust II" auf die Bühne kommen soll. Werden Theatermacher auch in dieser Weise für unfähig erklärt, wenn sie Goethe und Schiller spielen? Diesen Vorwurf auf die Bildende Kunst übertragen, würde doch heißen: Picasso hätte den Kubismus nicht erfinden dürfen, Herr Dali nicht den Surrealismus, Herr Warhol nicht die Popart. Wären dann die Bilder von Rembrandt oder doch nur die Mona Lisa „richtige" Malerei? – Abgesehen davon gibt es viele interessante junge Dramatiker, deren „echte neue Dramen" zu Recht viel gespielt werden. Natürlich haben wir auch neue Stücke auf unserem Spielplan.

Ann-Marie Arioli: Was Gerhard Stadelmaier sich unter „echten" neuen Dramen vorstellt? Offensichtlich nicht das, was von jungen Dramatikern geschrieben, von Theaterverlagen gedruckt und von Bühnen gespielt wird. Seit Beginn der 90er-Jahre gibt es einen wahren Boom an Dramatikerförderungsprogrammen und demzufolge so viele junge Dramatiker wie noch nie. Häufig wurde dann beklagt, dass die meisten dieser Stücke nur eine Uraufführung erleben und nicht nachgespielt werden. Doch auch das hat sich in den letzten Jahren geändert und es gibt mehr berühmte lebende deutsche Dramatiker, als sich hier aufzählen lassen (Roland Schimmelpfennig, Elfriede Jelinek, Marius von Mayenburg, René Pollesch, Theresia Walser etc.). Wurden auf deutschen Bühnen in den späten 80er-Jahren viele englische Dramatiker gespielt, so sind es jetzt deutsche Stücke, die ins Ausland exportiert werden.

Buch und Theater sind zwei Medien, die ganz unterschiedlichen Regeln folgen. Was bedeutet das für die Erarbeitung der Bühnenfassung eines Romans – grundsätzlich und speziell für „Effi Briest"?

Olaf Kröck: Diese Frage halte ich für die viel interessantere als die rückwärtsgewandte Grundsatznörgelei, dass Kunst dies oder jenes nicht dürfe.

Es ist doch gerade herausfordernd, dass ein Roman so andere Regeln hat als ein Theaterabend. Ein Buch lese ich meist still für mich. Die Welten der Erzählung entstehen in meiner Imagination. Im Theater erlebe ich dagegen gemeinsam mit anderen im selben Augenblick die Entstehung der Geschichte. Jede Bühnenfassung eines Romans kann nur eine Übertragung sein. Weglassungen sind zwingend. Die Bühnenadaption ist daher immer auch eine Interpretation, ein Angebot für eine Lesart der Geschichte. Sie kann das eigene Lesen nicht ersetzen. Und dieses Subjektive, das auch beim Entwickeln einer Bühnenfassung eine Rolle spielt, ist doch gerade die Stärke des Theaters. Die Effi Briests auf den Bühnen sind immer anders. Wer glaubt, der Theaterbesuch ersetze das Lesen, verpasst einen großartigen Roman. Aber die Aufführung kann ein eigenständiges Erlebnis werden, das völlig anders ist als das Lesen. Und das ist doch gerade toll.

Ann-Marie Arioli: Ein Roman muss eine Sprache mitbringen, die sich für die Bühne eignet. Besonders interessant sind hier verdichtete Sprachen, ein Schreibstil mit einer unverkennbaren Stilistik, die auf der Bühne funktioniert. Funktionieren heißt in diesem Fall, dass man sie sprechen kann: Bandwurmsätze als Stil sind zum Lesen besser, als sie zu sprechen und mündlich zu sprechen sind. Für die Bühne braucht es immer eine Art Verdichtung: Auch wenn der Text auf der Bühne sich wie Umgangssprache anhört, merkt man, wenn man ihn liest, dass er eine Verdichtung erlebt hat. Zweitens braucht es eine Überschaubarkeit der Figuren, Schauplätze und der Zeit, die eine Dramatisierung überhaupt möglich machen.

Für die Dramatisierung von „Effi Briest" braucht es zuerst eine Entscheidung über die Anzahl der spielenden Figuren. In der Fassung des Theater Aachen haben wir uns auf drei Personen beschränkt, eine Frau (Effi), einen Mann (Baron von Innstetten, Major Crampas) und einen älteren Mann (Vater Briest, Giesshübler, Johanna, Roswitha etc.), der alle anderen Rollen spielt bzw. spricht. Dann habe ich mich für eine Erzählweise entschieden. In diesem Fall war es mir wichtig, möglichst nahe am Roman und an Fontane dranzubleiben, d. h., seine Prosa nicht in gesprochene Sprache umzuwandeln, sondern als Prosa erzählen zu lassen. Daraus ergibt sich, dass jeder Schauspieler einerseits eine Figur ist, daneben aber auch ein Erzähler. Als Erzähler hat er einen auktorialen Status und spricht Texte über seine Figur, die er als Figur nicht sagen könnte (weil die Figur nicht so viel wissen kann). Aus dieser doppelten Perspektive Figur/Erzähler entsteht auf der Bühne eine Reibung, die interessant ist. Dann entscheidet man sich für eine Dramaturgie. Ich habe den Schluss an den Anfang gesetzt und damit eine Klammer versucht. Das Stück beginnt mit Vater Briest, der am Grab seiner Tochter Effi steht. Danach beginnt die Geschichte von vorne. In den Proben wird eine Romanfassung (ebenso wie jedes Stück) daraufhin überprüft, was man sagen muss und was man spielen kann. Da wird von einer Ursprungsfassung noch mal viel Text gestrichen, weil er beispielsweise durch Handlungen, Gesten, Blicke ersetzbar ist.

Wie weit kann die Reduzierung von Geschehen und Bühnenpersonal gehen? Ist es – ohne den Stoff zu verfälschen und das Publikum zu verwirren – wirklich möglich, sich wie in Aachen auf drei Figuren zu beschränken und dann noch Innstetten und Crampas von einem Darsteller spielen zu lassen?

Ann-Marie Arioli: Es ist sehr gut möglich, und der Erfolg der Inszenierung, die über dreißig Vorstellungen lang gespielt wird, beweist es. Wichtig ist es, gerade bei Romandramatisierungen, der eigenen Fantasie der Zuschauer Raum zu geben. Ein Roman kann nie vollständig auf die Bühne gebracht werden – ich sehe eine mögliche Version, jeder Leser hat wieder eine eigene, wenn er den Roman liest – gerade deswegen ist es wichtiger, Raum für Fantasie zu lassen, als eine Vollständigkeit herzustellen. Dadurch, dass die beiden Männer mehrere Figuren spielen, Effi aber nur Effi und Erzählerin (und auch da sich auf Effis Innenleben beschränkt) spielt, ergibt sich ein hoher Identifikationsgrad. Dass Innstetten und Major Crampas nur zwei Ausformulierungen derselben Figur für Effi sind, ist eine Interpretation, die Fontanes Roman stützt, indem er die beiden Männer von gleicher Herkunft, gleich alt und beide von Effi ungeliebt zeichnet. Der ältere Mann hat eine Jokerfunktion – er ist ein bisschen Fontane als Autor, der in jede beliebige Figur schlüpfen kann, der die Geschichte vorantreibt, kommentiert, reflektiert. Für die Zuschauer ist es wichtig, ein solches Spielprinzip gleich zu Anfang klarzumachen, damit sich der theatralische Kick des Rollenwechsels einstellt.

Olaf Kröck: Ich wiederhole mich. Wenn ein Theater die Geschichte nur aus der Perspektive dieser drei Figuren erzählen will, ist das doch ein interessanter Ansatz. Was soll denn da „verfälscht werden"? Im Roman kommen diese Figuren doch vor. Und wenn die Gegenspieler Innstetten und Crampas durch einen Schauspieler dargestellt werden, ist das ein großes interpretatorisches Angebot. Ob das den Zuschauern gefällt, ist eine andere Frage.

Vom „klassischen" Theater ist es das Publikum gewohnt, dass es e i n Stück von e i n e m Autor gibt. Warum scheint das bei der Adaption von Romanen oder Filmen für die Bühne nicht zu gelten? Warum zeigt jede Bühne ihre eigene „Uraufführung"?

Olaf Kröck: Was ist „klassisches" Theater? Die griechische Antike, mit Vorstellungen von Sonnenaufgang bis Sonnenuntergang? Die elisabethanischen Globe-Theatre-Stücke Shakespeares, die er mit seinen Schauspielern entwickelte? Oder doch die Lesedramen der Weimarer Klassik?
Uraufgeführt wird ein Text, wenn er zum ersten Mal auf der Bühne gezeigt wird. Das hängt nicht von den Autoren ab. Die Uraufführung der Effi Briest ist sicher schon eine Weile her. Theodor Fontane steht aber leider nicht mehr zur Verfügung, um ihn zu bitten, eine Bühnenfassung seines großartigen Romans zu verfassen. Das müssen andere machen, die die Literatur und das Theater gleichermaßen schätzen. Natürlich werden sie damit auch zu Autoren. Sie stehen aber in der zweiten Reihe, hinter den Schöpfern des Originaltextes.

Ann-Marie Arioli: Auch bei Romanen und Filmen, die für die Bühne erarbeitet werden, wird jeweils der Autor des Ausgangsmaterials mit angegeben. Es braucht für jede Adaption Urheberrechte, die der Verlag im Auftrag der Autoren oder ihrer Erben an ein Theater vergibt. Die Urheberrechte sind bis siebzig Jahre nach dem Tod eines Autors geschützt. Damit ist auch die „Uraufführung" nur in eingeschränktem Maße möglich, und manche Werke dürfen nicht für die Bühne bearbeitet werden. Theater ist Teamarbeit – kein Stück wird auf der Bühne lebendig ohne die Interpretation von Schauspielern, Regisseuren, Dramaturgen. Dadurch, dass ein Schauspieler aussieht, wie er aussieht, auf eine bestimmte Art spricht und handelt, wird der Text interpretiert. Von jemand anderem gespielt, verändert sich die gleiche Figur sofort. Sowohl in der Geschichte wie auch heute hat die Bühne eigene Gesetze, die nicht von geschriebenem Text eingeholt werden können. Shakespeare hatte seine eigene Kompanie und veränderte seine Stücke laufend – je nach dem, welche Schauspieler er gerade hatte und wie viele, veränderte er Figurenanzahl und Textmengen, manchmal auch den Verlauf der Geschichte. Auch Goethe und Schiller waren eng mit Theatern verflochten und änderten ihre Stücke in einer jeweiligen Realisation für die Bühne einfach ab.

Die heutige Gesellschaft ist eine andere als die Ende des 19. Jahrhunderts. Warum muss es dann „Effi Briest" sein?

Olaf Kröck: In der „Welt" vom 5. Januar 2009 hat Thomas Ostermeier, der Chef der Berliner Schaubühne, bereits die Antwort auf Ihre Frage gegeben, als er gefragt wurde, worin denn für ihn die Aktualität eines Textes des 19. Jahrhunderts bestehe: „In dem Skandal, dass vieles von dem Denken, den Idealen und den Verkrustungen der bürgerlichen Gesellschaft heutzutage wiederzufinden ist. Die Glücksversprechen sind ähnliche: Familie, die Verheißungen des Materialismus." Oder wie Effi Briest es selber sagt: „Ich bin ... nun, ich bin für gleich und gleich und natürlich auch für Zärtlichkeit und Liebe. Und wenn es Zärtlichkeit und Liebe nicht sein können, weil Liebe, wie Papa sagt, doch nur ein Papperlapapp ist, nun, dann bin ich für Reichtum und ein vornehmes Haus, ein ganz vornehmes." Das würden doch auch heute viele unterschreiben.

Ann-Marie Arioli: „Effi Briest" erzählt eine Geschichte vom Zerbrechen am gesellschaftlichen Druck. Nun will aber Fontane nicht so sehr die gesellschaftlichen Verhältnisse kritisieren, als zeigen, wie jemand an ihnen zerbricht, der die gesellschaftlichen Regeln so sehr internalisiert hat, dass er sich nicht daraus befreien kann. Effi wird geschie-

Materialien   M 17/2

den, sie könnte berufstätig werden, sie versucht ja auch zu malen, also künstlerisch tätig zu werden, aber sie schafft es nicht, sich aus der vorgezeichneten Bahn zu bewegen. Die Affäre mit Crampas mag dumm und unüberlegt gewesen sein – mit den Folgen kommt sie nicht klar, kann die Verantwortung für ihr Leben nicht selbst tragen. Dieser Umstand, dass Menschen an sich und der Vorstellung von ihrem Leben scheitern, ist so modern wie im 19. Jahrhundert. Heute bringen sich Manager um, weil sie ihren Job verlieren und damit aus ihrer angestammten Gesellschaft fallen. Menschen hungern sich zu Tode oder legen sich unters Skalpell, um einem Schönheitsideal zu entsprechen, weil sie sonst nicht glücklich sein können – das Wechselspiel von Individuum und Gesellschaft ist auch mit größeren Freiheiten nicht einfacher geworden.

Wie weit darf bzw. muss eine Aktualisierung gehen?

Olaf Kröck: Wenn es überhaupt eine Grenze gibt, liegt sie in der Antwort auf die Frage, wann es keinen Sinn mehr macht, sich auf eine Romanvorlage zu beziehen, um zu erzählen, was man erzählen will. Wann wird eine Vorlage überstrapaziert?, dies ist die Frage, die ich mir als Dramaturg stellen muss. Wann ist es vielleicht besser, einen eigenen Text zu verfassen, und wann geht es nur mit der Geschichte von „Effi Briest"?
Aber all Ihre Fragen nach dem „richtig" und „falsch" verstehe ich letztlich im Zusammenhang mit der Kunstform Theater nicht. Wer soll dieses Rezept für das „richtige" Theater schreiben? Wir müssen es immer wieder von neuem überprüfen. Natürlich kann dieses Ausprobieren, wie im richtigen Leben, auch mal schiefgehen.

Ann-Marie Arioli: Theater ist immer eine Form der Gegenwart. Selten wird eine Inszenierung mehr als zehn Jahre gespielt, meistens nur eine paar Vorstellungen lang mit einer Laufzeit von einigen Wochen oder Monaten. Deswegen kann es gar nicht anders als „aktuell" sein. Ein Stück wird, unabhängig vom Alter der Textvorlage, von gegenwärtigen Menschen gespielt, inszeniert und angeschaut.

Von den zahlreichen Detailfragen, die es zur Deutung von „Effi Briest" gibt, soll zumindest eine gestellt werden: Ist Effi Opfer „der Gesellschaft", oder ist sie selbst für ihr Schicksal verantwortlich?

Olaf Kröck: Diese wunderbare und traurige Geschichte hätte nicht diese Bedeutung, wenn sie auf eine einfache Formel zu bringen wäre. Natürlich gilt beides. Wann was gilt, darüber kann man sich herrlich streiten.

2009, Originalmaterial; die Fragen stellte Michael Hellwig

1. Fassen Sie die wesentlichen Aussagen von Arioli und Kröck zu den Themen „Romanadaption für die Bühne allgemein" und „‚Effi Briest'-Adaption im Besonderen" zusammen.
2. Vergleichen Sie Ihre Ergebnisse zur Deutung des Romans mit den Überlegungen von Arioli und Kröck.
3. Wählen Sie eine Sie besonders interessierende Aussage aus dem Interview aus, und nehmen Sie dazu begründend Stellung.

Materialien

M 17/3

Im Banne des Chinesen

(Bilder aus der Inszenierung des Schauspiel Essen, Grillo Theater, 2008)

Innstetten (Werner Strenger)   Roswitha (Katja Heinrich)   Gieshübler (Rezo Tschchickwischwili)

© Theaterfotografin: Diana Küster

1. Beschreiben Sie die Situation auf Bild 1.
2. Untersuchen Sie, wie der Chinese hier gedeutet wird.
3. Gestalten Sie, ausgehend von Bild 1, eine kurze Spielszene.
4. Nehmen Sie kritisch Stellung zu dieser Deutung.

Materialien

M 18

Ein Bild von Effi II

1. Versetzen Sie sich in die Situation von Effis Tochter Annie, die als erwachsene Frau über ihre Mutter nachdenkt, und gestalten Sie einen Tagebucheintrag, in dem sie diese Gedanken formuliert. Sie müssen nicht versuchen, die Sprache der Zeit nachzuempfinden.

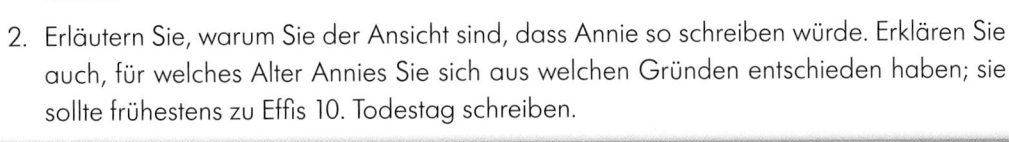

2. Erläutern Sie, warum Sie der Ansicht sind, dass Annie so schreiben würde. Erklären Sie auch, für welches Alter Annies Sie sich aus welchen Gründen entschieden haben; sie sollte frühestens zu Effis 10. Todestag schreiben.

Marcel Reich-Ranicki: Brauchen wir einen Kanon? (Auszüge)

„Kanon" – klingt das nicht altmodisch? Und herrisch und verstaubt zugleich? Jedenfalls scheint es eine Vokabel aus einer vergangenen Epoche, eine, gegen die schon unsere Väter gelegentlich – meist gelangweilt – protestierten. Kurz: ein alter Zopf. Wirklich?

Ursprünglich handelte es sich um einen Begriff aus dem Bereich der Religion. Nichts anderes war gemeint als eine verbindliche Liste der von der Kirche anerkannten und sanktionierten*) Schriften. Zuständig sind da also die Theologen, die mögen sich darum kümmern. Aber wie ist es mit einem Kanon für die Literatur? Kann man da eine verbindliche Liste, ob nun kurz oder lang, überhaupt in Erwägung ziehen? Nein, das kann man nicht, denn Literatur, wie wir sie hier verstehen, ist Kunst – und die Kunst ist frei. Wozu brauchen wir da einen Kanon? Müssen wir uns mit dieser leidigen Frage herumschlagen? […]

Was ein Kanon für die Literatur nicht ist und nicht sein soll, läßt sich leicht sagen. Er ist weder ein Gesetzbuch noch ein Katalog, weder eine Anordnung oder Anweisung noch eine Vorschrift.

[…] Jede und jeder kann und soll lesen, was sie oder er will. Autoritäre Anleitungen sind unerwünscht, aufdringliche Besserwisser unwillkommen.

Wir sind ja heutzutage ohnehin gut und umfassend informiert, das ist schon sicher. Nur darf man fragen, ob wir nicht vielleicht überinformiert sind; mit anderen Worten: überinformiert und dennoch und zugleich unwissend. Viele befürchten dies, manche erschrecken angesichts der wachsenden Bücherflut. Sollten sie ganz allein gelassen werden? Je schneller und leichter sich Bücher herstellen lassen, desto mehr erinnert die Welt der Bücher an ein Labyrinth. Ist da einer überflüssig, der den Weg zeigt, nicht immer und unbedingt den kürzesten, aber vielleicht den schönsten? Brauchen wir nicht auch und gerade in unserem dritten Jahrtausend eine Auswahl der literarischen Werke, die ein gebildeter Mensch kennen sollte? […]

Der Rückgriff auf das Vergangene erfolgt stets um der Gegenwart willen – und nur von ihr kann er seine Rechtfertigung beziehen. Nicht die Asche suchen wir, sondern die Glut, das Feuer. Nicht das Alte wollen wir erhalten, sondern im Alten das Gute und Lebendige ausfindig machen und bewahren. […] Also doch und trotz allem eine Liste, die man Literaturkanon nennen mag? Ich glaube: unbedingt. Aber dieser Kanon sollte letztlich nichts anderes enthalten als freundliche Hinweise, Vorschläge und Empfehlungen. Es ist nur ein höfliches Angebot, in dem sich eine eher schüchterne Anleitung verbirgt, ein eher diskreter Fingerzeig. Und damit ist wohl endlich gesagt, wozu wir den Kanon brauchen.

Aber wozu brauchen wir eigentlich die Literatur? Ganz unter uns, darüber habe ich nie ernsthaft nachgedacht – vielleicht deshalb, weil ich ein Leben ohne Literatur nie kannte. Ich bitte also um Entschuldigung, ich kann da mit keiner zuverlässigen Auskunft dienen.

Sehr wohl kann ich mich aber zu einer anderen Frage äußern: Ich kann sagen, wozu ich, ich ganz persönlich, von meiner Jugend, ja, von meiner Kindheit an und später ein Leben lang, in schlechten und in guten Zeiten, die Literatur benötigt habe und wozu ich sie immer noch benötige, was ich von ihr heute wie eh und je erwarte und verlange.

Allerdings sollte die Antwort in diesem Fall kurz und knapp sein, womöglich aus einem einzigen Wort bestehen. Nur ist die Sache leider nicht so einfach, denn es drängen sich mir sofort viele Wörter auf, alle zugleich. Hier sind sie: Unterhaltung, Spaß, Vergnügen, Freude, Entzücken, Begeisterung, Wonne, Glück.

Und keine Belehrung, keine Erbauung? War da nicht irgendwie und irgendwann auch die große Sehnsucht nach Bildung im Spiel? Nein. Für Belehrung und Erbauung sind, dachte ich mir, doch viele andere Bücher da – wissenschaftliche, philosophische, religiöse. Und aus der Literatur, läßt sich ihr in dieser Hinsicht nichts abgewinnen? Doch und sogar sehr viel. Nur hängt das vor allem vom Leser ab.

[…] Also wie war das eigentlich? Wollte ich, als ich in meiner Jugend anfing, Literatur zu lesen, als sie mich bezauberte und fast auch verzauberte, wollte ich da nicht wissen, was die Welt im Innersten zusammenhält#)? Mit Verlaub, das wollte ich gar nicht wissen – und ganz unter uns, ich weiß es immer noch nicht. Aber Stunden und Tage und Wochen des Glücks habe ich sehr wohl erlebt. An diesem Glück wollte ich auch andere teilnehmen lassen – und ich will es ein langes Leben lang, ich will es auch hier und heute. Damit wären wir wieder beim Kanon […]

© Marcel Reich-Ranicki, mit freundlicher Genehmigung
* sanktionieren: hier bestätigen, billigen
# Anspielung auf Fausts Eröffnungsmonolog in Johann Wolfgang Goethes (1749–1832) Drama „Faust"

Materialien   **M 19**

1. Fassen Sie Reich-Ranickis Gedanken zu Sinn und Nutzen eines Literaturkanons und von Literatur generell zusammen.
2. Teilen Sie Reich-Ranickis Ansichten?
   Nehmen Sie begründend Stellung und skizzieren Sie mögliche Konsequenzen.
3. Würden Sie „Effi Briest" in einen Literaturkanon aufnehmen?
   Antworten Sie begründend.

Klausuren

Gründe für Effis Untergang

Klausur 1

Aufgabenart: Analyse eines Sachtextes mit weiterführendem Schreibauftrag

Textgrundlage: Auszug aus Kari Harstöm: Theodor Fontane: Effi Briest – Eine Suche nach den Gründen ihres Untergangs

[...] Mein Ausgangspunkt in diesem Aufsatz war, die literarische Figur Effi Briest aus verschiedenen Perspektiven zu analysieren, um Faktoren in ihr und ihrer Familie zu finden, die zu ihrem Untergang beitragen. Es ist nach der Analyse deutlich geworden, dass Effis Auffassung von Liebe und Ehe, ihre Beziehung zu ihren Eltern und ihre besondere psychische Veranlagung Aspekte ihres Lebens sind, die für ihr Schicksal Bedeutung haben,
5 weil sie in verschiedener Weise Einfluss auf ihre Ehe haben und ihr Verhalten in der Ehe steuern, und sie auch vor und nach ihrer Ehe beeinflussen.
  Die Bedeutung von Effis Beziehung zu ihren Eltern für ihr Schicksal ist nicht möglich zu ignorieren. Die Eltern sind sich zwar bewusst, dass Effi noch keine wahre Auffassung von Liebe habe und dass es ihr in ihrer Ehe an Zerstreuung mangeln werde, und dass dies mit der Zeit zu Problemen führen werde. Sie versuchen
10 aber nicht, Lösungsansätze zu finden, und als, wie sie befürchtet haben, die Ehe scheitert, verurteilen sie ihre Tochter und lassen sie nicht wieder nach Hause kommen, was zu ihrer Kränklichkeit beiträgt. Effis standesbewusste Seite wird von ihrer Mutter benutzt, um ihren eigenen Willen durchsetzen zu können, indem sie Effi bei ihrem Ehrgeiz packt. Der Egoismus und Ehrgeiz der Mutter führten zusammen mit Effis besonderer Auffassung von Liebe und Ehe dazu, dass Effi eine Heirat akzeptiert, ganz naiv und unvorbereitet aber, und
15 mit unrealistischen Erwartungen in die Ehe geht, was für sie bedeutende Folgen hat. Ihre romantische Seite und ihre Kindlichkeit führen zur Enttäuschung, als ihre Ehe ihren Erwartungen nicht entspricht, und deswegen sucht sie in dem Verhältnis mit Major Crampas die Befriedigung, die sie in ihrer Ehe nicht findet. Dass Innstetten Crampas' Briefe findet, beruht auch auf ihrem Hang zur Romantik, weil sie deswegen die Briefe aufbewahrt hat, und hat die Konsequenz, dass Innstetten von ihrem Verhältnis erfährt, und sie deswegen
20 verstößt. Ihr Hang zur Romantik trägt nach der gescheiterten Wiedervereinigung mit ihrer Tochter auch zu ihrem Zusammenbruch und dem Ausbruch ihrer Nervenkrankheit bei, was zusammen mit ihrer allgemeinen Kränklichkeit schließlich zu ihrem frühen Tod führt, weil sie physisch zu schwach wird, um wieder gesund zu werden. Auch Effis besondere psychische Veranlagung hat Folgen, die wichtig sind, wenn man an ihre Verstoßung denkt. Ihre empfindlichen Nerven verstärken ihre Ängstlichkeit, und sie wird von Innstetten ent-
25 täuscht, weil er ihre Angst nicht respektiert, und dies macht es leichter für Major Crampas, sie zu verführen. Ihre Tendenz, unter Schuldgefühlen zu leiden, wirkt auch auf ihre Ehe ein. Sie fühlt sich sogar, bevor sie ihr Verhältnis mit Crampas einleitet, dafür schuldig, und nachdem sie es beendet hat, hat sie große Schwierigkeiten, ihre Schuldgefühle loszuwerden.
  Die Verstoßung durch Innstetten ist zwar für Effis Schicksal sehr wichtig, es gibt aber Ereignisse sowohl davor
30 und danach, die auf den Aspekten in Effis Leben, die ich analysiert habe, beruhen, die für ihren Untergang auch von großer Bedeutung sind. Ich bin zu der Schlussfolgerung gekommen, dass es nicht ausreichend ist, nur den Ehrenkodex der Adelsschicht der preußischen Gesellschaft als Grund für Effis Untergang zu sehen, sondern man muss auch die anderen Faktoren, die ich untersucht habe, als Gründe einbeziehen, um ein umfassenderes Bild von ihrem Schicksal zu bekommen. [...]

Aus: Harstöm, Kari: Theodor Fontane: Effi Briest – Eine Suche nach den Gründen ihres Untergangs,
Stockholm (Stockholms universitet) 2008, zitiert nach : urn.kb.se/resolve?urn=urn:nbn:se:su:diva-8040, S. 28 f.

1. Geben Sie Harströms zentrale Überlegungen wieder, und erläutern und veranschaulichen Sie sie anhand ausgewählter Beispiele aus dem Roman.
2. Nehmen Sie begründend Stellung zu Harströms Schlussfolgerung, „dass es nicht ausreichend ist, nur den Ehrenkodex der Adelsschicht der preußischen Gesellschaft als Grund für Effis Untergang zu sehen".

Klausuren

„Ruhe, Ruhe."
Effis Ende im Roman und auf der Bühne

Klausur 2

Aufgabenart: vergleichende Analyse von literarischen Texten

Textgrundlage: Theodor Fontane: Effi Briest, S. 247, Z. 40 – S. 249, Z. 20 und 23./24. Bild aus „Effi Briest" Theaterfassung von Tatjana Rese

[Im 22. Bild bricht Effi nach dem – in dieser Bühnenfassung nicht gezeigten – gescheiterten Zusammentreffen mit Annie zusammen. Ihr Text ist hier eine gekürzte Fassung dessen, was sie im Roman auf S. 232, Z. 33 – S. 233, Z. 12, sagt; Annie wird nicht erwähnt. Dann folgt ein Zwischenspiel, in dem angedeutet wird, dass Effis Eltern sich dazu entscheiden, Effi nach Hohen-Cremmen zurückzuholen; ohne Briests „Effi komm".]

23. Bild

Rollen: Effi, Mutter, Briest, Roswitha

Mutter: Effi, schade, dass die dumme Geschichte dazwischen fahren musste.

Briest: Eigentlich ward ihr doch ein Musterpaar.

Effi: Es war noch in glücklichen Tagen, da las mir Innstetten abends vor; er hatte sehr gute Bücher, und in einem hieß es: es sei wer von einer fröhlichen Tafel abgerufen worden, und am anderen Tage habe der Abgerufene gefragt, wie's denn nachher gewesen sei. Da habe man ihm geantwortet: Ach, es war noch allerlei; aber eigentlich haben Sie nichts versäumt. Diese Worte haben sich mir eingeprägt – es hat nicht viel zu bedeuten, wenn man von der Tafel etwas früher abgerufen wird. Und da ich nun mal von alten Zeiten und auch von Innstetten gesprochen habe, muss ich dir doch noch etwas sagen, liebe Mama.

Mutter: Du regst dich auf, Effi.

Briest: Ich sterbe mit Gott und Menschen versöhnt, auch versöhnt mit *ihm*.

Briest: Warst du denn in deiner Seele in so großer Bitterkeit mit ihm?

Mutter: Eigentlich, verzeihe mir, meine liebe Effi, das ich das jetzt noch sage, eigentlich hast du doch euer Leid heraufbeschworen.

Effi: Ja, Mama. Und traurig, dass es so ist.
Aber als dann all das Schreckliche kam, habe ich mich ganz ernsthaft in den Gedanken hinein gelebt, er sei schuld, weil er nüchtern und berechnend gewesen sei und zuletzt auch noch grausam. Und da sind Verwünschungen gegen ihn über meine Lippen gekommen.

Mutter: Und das bedrückt dich jetzt?

Effi: Ja. Und es liegt mir daran, dass er erfährt, wie mir hier in meinen Krankheitstagen, die doch fast meine schönsten gewesen sind, wie mir hier klar geworden, dass er in allem recht gehandelt. Denn er hatte viel Gutes in seiner Natur und war so edel, wie jemand sein kann, der ohne rechte Liebe ist.

Briest: Du bist doch noch immer, wie du früher warst.

Effi: Nein. Ich wollte, es wäre so.

Mutter: Meine Effi: ganz Tochter der Luft.

Effi: Mir war, als flög ich in den Himmel. Ob ich wohl hineinkomme?

Mutter: Ja, Effi, du wirst.

Roswitha: Was wird? Muss sie sterben?

Briest: Nun werde mal erst wieder so recht gesund, das Glück findet sich dann; nicht das alte, aber ein neues.

Mutter: Es gibt Gott sei Dank viele Arten von Glück.

Briest: Und du sollst sehen, wir werden schon etwas finden für dich.

Klausuren

Effi:	Ob wir doch vielleicht von da oben stammen und, wenn es hier vorbei ist, in unsere himmlische Heimat zurückkehren, zu den Sternen oben oder noch drüber hinaus! Ich weiß es nicht, ich will es auch nicht wissen, ich habe nur die Sehnsucht.
Mutter:	Bist du so ruhig über Sterben, liebe Effi?
Effi:	Ja.
Mutter:	Täuschst du dich darin nicht? Alles hängt am Leben und die Jugend erst recht. Und du bist noch so jung, liebe Effi.
Effi:	Ganz ruhig, Mama.

24. Bild

Effi allein.
Sie steht auf, öffnet die Fenster. Die Sterne flimmern.
Sie horcht in die Stille der Nacht und ein Gefühl der Befreiung überkommt sie.

Effi: Ruhe, Ruhe.

Effi geht langsam aus dem Raum in die Ferne und entschwindet am Horizont.

Einsam will ich untergehn
Einsam will ich untergehn,
Keiner soll mein Leiden wissen!
Wird der Stern, den ich gesehn,
Von dem Himmel mir gerissen,
Will ich einsam untergehn
Wie der Tag im Abendgrauen!
Einsam will ich untergehn
Wie der Tag im Abendgrauen!
Will der Stern, den ich gesehn,
Nicht mehr auf mich niederschauen,
Will ich einsam untergehn
Wie ein Schiff in wüsten Meeren.
Einsam will ich untergehn
Wie ein Schiff in wüsten Meeren!
Wird der Stern, den ich gesehn,
Jemals weg von mir sich kehren,
Will ich einsam untergehn
Wie der Trost in stummen Schmerzen.[1]

[Im abschließenden Nachspiel stellt die Mutter wie im Roman die Frage nach der Schuld der Eltern. Weder Text noch Regieanweisungen weisen auf Effis Tod oder Grab hin.]

Aus: EFFI BRIEST Theaterfassung von Tatjana Rese nach dem gleichnamigen Roman von Theodor Fontane, © Rese, Tatjana 2008

[1] Es handelt sich um Auszüge aus einer Ballade von Clemens Brentano (1778–1842). Die Verse stehen dort nicht direkt hintereinander. Die erste Fassung aus dem Jahr 1817, an die sich Rese anlehnt, ist titellos, die zweite, ca. 20 Jahre später entstandene, ist mehr als dreimal so lang und trägt den Titel „Kettenlied eines Sklaven an die Fesselnde zur letzten Stunde des Jahres 1834 geschlossen".

1. Vergleichen Sie die Auszüge aus Roman und Bühnenfassung, und stellen Sie wesentliche Unterschiede dar.
2. Erklären Sie, wie sich die Wahrnehmung der Situation bei Rese gegenüber Fontane verändert. Gehen Sie dabei vor allem auf das von Rese an den Schluss der Szene gesetzte Brentano-Gedicht ein.
3. Wie beurteilen Sie die Änderungen, die Rese vornimmt? Nehmen Sie begründend Stellung.

Klausuren

Aktualität und Bühnenadaption

Klausur 3

Aufgabenart: Analyse eines Sachtextes mit weiterführendem Schreibauftrag

Textgrundlage: EFFI ist jetzt. Ein Bekenntnis von Tatjana Rese

Effi ist jetzt

Für mich ist die Geschichte von Effi Briest keine alte Geschichte, auch wenn sie vor über hundert Jahren aufgeschrieben wurde. Und genau das ist auch die Voraussetzung für mich als Regisseurin, als Autorin, wenn ich mich eines alten Stoffes annehme: Es muss etwas daran sein an der Geschichte, das mich brennend interessiert, es muss mich etwas faszinieren an diesem alten Schicksal, was vergleichbar ist mit dem, was mir widerfährt, was assoziierbar ist ins Heute. Nur dann habe ich Lust, diese Geschichte auf dem Theater zu erzählen. So ging es mir mit dem Roman EFFI BRIEST damals, als ich selbst noch Schülerin war, n i c h t : Das Buch war mir zu dick, die Sprache schien mir zu schwülstig und die Menschen, die in dem Buch vorkamen, schienen mir weit entfernt von meiner eigenen Wirklichkeit, sie erreichten mich nicht.

Ich habe den Roman vor ungefähr einem Jahr wieder zur Hand genommen. Mag sein, dass ich heute etwas geduldiger mit der Literatur geworden bin, aber ich war begeistert von der Geschichte, von dem Autor, und vor allem war EFFI plötzlich eine Identifikationsfigur für mich.

Alles was Fontane beschreibt in dem Roman, schien mir gar nicht mehr so weit weg zu sein vom Heute, von meiner Wirklichkeit, von der Welt, in der wir leben.

Und dann begann ich damit, den Roman für die Bühne, für eine Theateraufführung zu bearbeiten. Dafür musste ich mir viele Beschränkungen auferlegen:

Der Theaterabend sollte nicht viel länger als zweieinhalb Stunden dauern, weil ich selbst nicht gern länger im Theater sitze. Und das breite Spektrum an Figuren im Roman musste entscheidend gekürzt werden, konzentriert auf die Figuren, die das Schicksal der EFFI wesentlich beeinflussen.

Gerade diese Einschränkungen machten mir wirklich Spaß und ich entdeckte, dass ich nun einen ganz klaren Fokus* auf die Geschichte entwickeln musste. Und plötzlich sah ich das Schicksal der EFFI in ganz klarem Licht:

Es ist die Story eines jungen Mädchens von sechzehn Jahren, einer jungen Frau, die, unerwartet ihrer Kindheit entrissen, verheiratet wird an einen ehrgeizigen Mann, dem es eigentlich nur um seine Karriere geht. Mit diesem Mann gerät sie in eine Welt, die ihr fremd ist und bleibt. Eine furchtbare Einsamkeit befällt sie und ihre inneren Unsicherheiten und Kämpfe kompensiert sie in äußere Ängste, Gesichter, Tag- und Alpträume, die sie erlebt und die sie nur noch unsicherer machen.

EFFI ist ein vitales Mädchen, eine lebensbejahende junge Frau und sie versucht sich dem Sog, in den sie zu geraten scheint, zu widersetzen: Sie versucht sich ihre eheliche Welt schön zu gucken, sie freut sich auf ihr und an ihrem Kind, auch wenn es aus freudlosem Sex entstanden ist, und sie verliebt sich in einen charmanten Landwehrbezirkskommandeur, sie flieht in diese kurze Romanze als lebenserhaltende Maßnahme.

Als sie endlich, ganz hoffnungsvoll und voller ehrgeiziger Zukunftspläne, mit ihrem Mann nach Berlin gezogen ist, in die schicke Hauptstadt, die Stadt des Glamours und des Geldes, der Karrieren, wird sie von ihrer Vergangenheit eingeholt, verstoßen von Mann und Eltern.

Überhaupt die Eltern:

Haben sie nicht ahnend zugesehen von Anfang an. Sie haben ihr Kind in eine Welt entlassen, der sie nicht gewachsen war. In eine Welt voller Kälte, Ehrgeiz, Pflichterfüllung, Karriere und Geld, Geld, Geld. Sind sie nicht mitschuldig am elendigen Zugrundegehen ihrer Tochter?

So ist für mich die Geschichte der EFFI auch eine Geschichte über das Verdrängen und das Wegschauen. Und damit ist es für mich eine ganz aktuelle Geschichte.

Leben wir nicht alle in einer Welt, deren Spielregeln uns so gar nicht gefallen?

Und spielen wir letztlich nicht doch alle mit?

---

* Fokus: hier dasjenige, worauf die besondere Aufmerksamkeit gerichtet wird, was im Zentrum steht

Klausuren

Die „Tochter der Luft" ist erstickt an und in einer kalten Welt, sie bekam keine Luft mehr.
Und wir alle schauen wissend dabei zu.

Diese aktuelle Geschichte wollte ich schnell, modern und temporeich erzählen, aber die Sprache der Fontane'schen Figuren wollte ich unbedingt bewahren. Und so sprechen EFFI und die anderen die Sprache des 19. Jahrhunderts, und das Interessante dabei ist, dass man ihnen plötzlich sehr aufmerksam zuhört, weil sie manches nicht so sagen, wie wir es im Alltag gewohnt sind. Aber so entdecken wir tolle Worte, Wendungen und Gedanken, die uns gar nicht mehr so geläufig sind, aber die es doch wert sind, aufgehoben worden zu sein und gesprochen zu werden von ganz und gar heutigen Schauspielern, die wie wir alle ganz und gar in dieser unserer Welt leben.

Mit freundlicher Genehmigung: © Rese, Tatjana, Berlin

1. Fassen Sie Reses Überlegungen zusammen, und erläutern Sie wesentliche Aspekte.
2. Ist Reses Entscheidung, „Effi Briest" für die Bühne zu bearbeiten, für Sie nachvollziehbar?
   Nehmen Sie begründend Stellung; gehen Sie dabei u. a. auf den Schlussabsatz ein.

Klausuren

„Wie findest du Effi?"
Effis Eltern im Gespräch, September 1880

Klausur 4

Aufgabenart: Analyse eines literarischen Textes mit weiterführendem Schreibauftrag
Textgrundlage: Theodor Fontane: Effi Briest, S. 181 f.

1. Analysieren und interpretieren Sie das Gespräch von Effis Eltern, indem Sie es in den Kontext des Romans einordnen, beschreiben, wie die Eltern Effi sehen, und erklären, warum diese zu diesen Überlegungen kommen.
2. Zeigen Sie, dass die Sorgen des Vaters berechtigt sind.
3. Erläutern Sie, ausgehend von dem vorliegenden Beispiel, die erzähltechnische Funktion der Gespräche in diesem Roman.

„Ich fühle, dass dies alles nichts ist."
Ein Gespräch zwischen Innstetten und Wüllersdorf, Mai 1890

Klausur 5

Aufgabenart: Analyse eines literarischen Textes mit weiterführendem, produktionsorientiertem Schreibauftrag
Textgrundlage: Theodor Fontane: Effi Briest, S. 242, Z. 7 – S. 245, Z. 18 und S. 247, Z. 37 – S. 249, Z. 12

1. Analysieren und interpretieren Sie das Gespräch zwischen Innstetten und Wüllersdorf, indem Sie das Gespräch in den Kontext des Romans einordnen, die Haltung der beiden Gesprächspartner beschreiben und diese erklären.
2. Stellen Sie sich vor, dass ein weiteres Gespräch zwischen Innstetten und Wüllersdorf stattfindet, nachdem Innstetten von Frau von Briest die Nachricht von Effis Tod und von ihrer „Versöhnung" mit ihm erhalten hat. Gestalten Sie das Gespräch.
3. Erläutern Sie Ihre Produktionsüberlegungen: Warum findet das Gespräch so statt?

Erläuterungen zu den Materialien

Ein Bild von Effi I

M 1

Zu den Aufgaben:

Stellen Sie sich vor, Sie müssten die Rolle der Effi besetzen und beim Casting hätten sich diese acht jungen Frauen (Schülerinnen des Widukind-Gymnasiums Enger, Jahrgangsstufe 13, Literaturkurs Michael Hellwig, 2009) beworben, von denen Sie hier Fotos vorliegen haben:

1. *Für welche Bewerberin würden Sie sich entscheiden?*
   Antworten Sie begründend.
   In dieser Begründung sollte erkennbar werden, welches Bild Sie von Effi haben und inwiefern die ausgewählte Person diesem entspricht bzw. zumindest am nächsten kommt.
   Falls Sie sich für keine dieser acht Personen entscheiden wollen, beschreiben Sie, wie Sie sich „Ihre" Effi vorstellen, und bringen Sie gegebenenfalls ein Foto mit.
   Wichtig ist, dass die Schüler/-innen ihre Auswahlentscheidung mit Bezug auf den Roman und ihre Vorstellungen begründen.

2. *Welche „Bewerberin" eignet sich Ihrer Ansicht nach am wenigsten?*
   Antworten Sie begründend.
   Beim Lesen eines Romans entstehen zwangsläufig Vorstellungen/Bilder von „Kulisse", handelnden Personen und Geschehen. Sie werden vom im Roman Beschriebenen/Erzählten geprägt, aber auch von der Fantasie der Leser/-innen. Und diese wiederum wird geprägt von individuellen, aber auch kollektiven Erfahrungen und Erwartungen. So sagen z. B. die Effi-Darstellungen in den bisherigen fünf Verfilmungen und den diversen Bühnenfassungen des Romans nicht nur etwas über die Zeit, in der er spielt bzw. geschrieben wurde (oder über Fontane), sondern auch über die Vorstellungen der Zeit, in der die Filme und Inszenierungen entstanden (und über die für sie Verantwortlichen) aus.
   So wird sich jede/r für die Rollenbesetzung Verantwortliche (im Rahmen ihrer/seiner Möglichkeiten) den/die Schauspieler/-innen suchen, die ihrer/seiner Vorstellung (und ihrer/seiner Vorstellung von den Erwartungen des Publikums) entspricht bzw. am nächsten kommt. Dass bei „großen" Produktionen noch ganz andere, kommerzielle Erwägungen von Bedeutung sind, sollte klar sein, spielt für die Unterrichtsarbeit aber keine Rolle.
   Die vorliegenden Fotos zeigen unterschiedliche Mädchentypen, die unterschiedliche Vorstellungen davon, wer Effi Briest ist, widerspiegeln (können). Es ist zu hoffen, dass sie das Spektrum möglicher Effi-Bilder/-Vorstellungen einigermaßen repräsentativ abdecken. Für den Fall, dass sie das nicht tun, haben die Schüler/-innen die Möglichkeit, eigene Vorschläge zu machen.
   Dieses „Casting" ermöglicht es, die Erstrezeption des Romans an einer wichtigen Stelle zu konkretisieren und zu reflektieren. Denn es dürften sich unterschiedliche Haltungen zu Effi entwickelt haben.
   Grundsätzlich könnte ein ähnlicher Weg auch für andere Personen beschritten werden. Unabhängig davon, dass dann erwachsene „Bewerber/-innen" zur Verfügung stehen müssten, ist ein solches Vorgehen in der Wiederholung jedoch weniger reizvoll. Außerdem ist das Bild der anderen wichtigen Personen – vielleicht mit Ausnahme Innstettens – vermutlich weniger strittig, als es das Effis sein kann.
   Alternativ ließe sich fragen: „Mit welcher Schauspielerin / welchem Schauspieler würden sie die Rolle der Effi, Innstettens etc. besetzen?", aber erfahrungsgemäß fallen Antworten in einer solchen Situation nur bedingt sachbezogen aus.

Erläuterungen zu den Materialien

Ein Leben in (36) Bildern – Fotoalbum

M 2

Welchen Weg beschreitet man, um – wenigstens einigermaßen – sicherzustellen, dass der Roman gelesen wird und den Schülerinnen und Schülern das Wesentliche des Inhalts präsent ist? Schriftliche Inhaltsangaben helfen hier wenig, denn die sind aus diversen Fremdquellen zu beziehen. Ein gangbarer Weg, der das Interesse der Schüler/-innen wecken kann und ihre Kreativität mehr fordert als das (reine) Schreiben, sind Standfotos. Inzwischen kann davon ausgegangen werden, dass den Schülerinnen und Schülern die notwendigen technischen Mittel (Digitalkamera und PC/Notebook) und handwerklichen Fertigkeiten zur Verfügung stehen. Bei der Realisierung, die Gruppenarbeit voraussetzt und wegen des Zeit- und Organisationsaufwandes besser unterrichtsbegleitend als im Unterricht stattfinden sollte, sind verschiedene Vorgehensweisen denkbar: die Erstellung eines Fotoalbums *en bloc* für den ganzen Roman, eine an wesentlichen Lebensstationen orientierte Dreiteilung (Hohen-Cremmen [Kapitel 1–5 und 34–36], Kessin [Kapitel 6–23], Berlin [Kapitel 24–33]); die Erstellung eines kompletten Fotoalbums durch jede Gruppe, arbeitsteiliges Arbeiten (mit einer möglichst gleichmäßigen Aufteilung unter allen Gruppen). Die Gruppen sollten aus vier bis sechs Personen bestehen.

Zu den Aufgaben:

1. *Legen Sie in der Gruppe fest, was das Wesentliche des jeweiligen Romankapitels ist und wie es sich in einem Bild festhalten lässt.*
   Grundsätzlich ist vorstellbar, dass mehr als ein Foto je Kapitel zugelassen wird, und gelegentlich ist das sicher auch sinnvoll, es sollen aber keine „Fotoromane" entstehen. Wichtig ist die Pointierung der (Bild-)Aussagen.

2. *Beschaffen Sie sich die notwendigen Requisiten.*
   Eine Historisierung der Darstellung ist nicht angebracht und auch kaum realisierbar, doch sollten die Schüler/-innen sich schon Gedanken über die „Bühnenbilder" und die Ausstattung machen.

3. *Setzen Sie das Bild in Szene und fotografieren sie es.*
   Hierbei sind natürlich mehrere Versuche legitim, die Schüler/-innen müssen sich am Ende aber für ein Bild entscheiden.
   Im Einzelfall sollte darüber entschieden werden, ob alle Schüler/-innen verpflichtet werden, auch vor der Kamera zu erscheinen, oder ob eine konsequente Aufgabenteilung sinnvoller ist. Für beide Vorgehensweisen gibt es gute Argumente.

4. *Wählen Sie als Untertitel für das Foto ein Zitat aus dem Roman aus.*
   Das Verwenden von Zitaten zwingt zu einer sorgfältigeren Auseinandersetzung mit dem Roman, als wenn die Schüler/-innen eigene Untertitel formulieren würden.

5. *Erstellen Sie aus den Einzelfotos eine Bilderfolge (z. B. als PowerPoint-Präsentation).*
   „Spezialisten" (leider sind Jungen den Mädchen hier technisch nach wie vor ein Stück voraus) neigen manchmal zu visuellen Spielereien. Es sollte deutlich sein, dass es um Inhalte geht und nicht um technische Tricks.

6. *Stellen Sie Ihre Präsentation im Plenum vor, und diskutieren Sie sie.*
   Bereiten Sie sich im Vorfeld auf Nachfragen und Kritik vor.
   Die Schüler/-innen sollen begründen können, warum sie sich für eine bestimmte Auswahl und Gestaltung entschieden haben. Bei der Beurteilung durch den/die Lehrer/-in sollten Inhalt und Aussage im Zentrum stehen, nicht „schauspielerische Leistung".

   Mögliche Leitfragen für die Diskussion:
   – Was wird dargestellt?
   – Welche Charakterzüge der Einzelnen bzw. welche Beziehungen der Personen zueinander sind erkennbar? Wodurch werden sie deutlich?
   – Wie stehen Bild und Zitat zueinander?
   – Trifft das Gezeigte den Kern des Romankapitels?
   – Was könnte man an dem Foto verändern?

   Die Leitfragen können gemeinsam erarbeitet, aber auch vorgegeben werden.

Erläuterungen zu den Materialien

Romananfänge / erste Sätze

M 3

Zu den Aufgaben:

1. *Erläutern Sie Fontanes Aussage, die zahlreiche andere Schriftsteller ähnlich formuliert haben, und nehmen Sie dazu Stellung.*

   Der Anfang eines Romans ist wichtig, weil er das Publikum fesseln muss, um es zum Weiterlesen zu bewegen. Der Romananfang kann ganz wesentlich das Romangeschehen vorstrukturieren. Durch ihn werden Festlegungen getroffen, die das weitere Geschehen steuern.

   Die Schüler/-innen werden Fontanes Aussage möglicherweise zwar als theoretischer Aussage zustimmen, praktisch aber auf der Grundlage eigener Leseerfahrungen vermutlich eher ablehnen. Falls sie ihr doch zustimmen, dann vermutlich eher aus der Negativerfahrung heraus, die Lektüre eines Buches sehr früh abgebrochen zu haben.

2. *Untersuchen Sie, ob die erste Seite bzw. das erste Kapitel von „Effi Briest" Fontanes Aussage gerecht wird.*

   Falls Leseinteresse im Zentrum der Überlegungen steht, wird die Antwort eher negativ ausfallen, denn die Beschreibung des Herrenhauses kann man sicher nicht als interesseweckend bezeichnen. Was das angeht, gehört sie zweifelsfrei zu den langweiligsten Passagen des Romans. Betrachtet man die Funktion des Romananfangs bzw. des gesamten ersten Kapitels, muss die Antwort positiv ausfallen:

   – Im Romananfang gestaltet Fontane den Raum, der für Effis Leben von zentraler Bedeutung ist; auch oder gerade dann, wenn sie nicht dort lebt (siehe **M 5**).
   – Die zentralen Figuren des Romans werden im ersten Kapitel eingeführt; Effi als handelnde Person, Innstetten in Effis Erzählung.
   – Das erste Kapitel enthält wesentliche Vorausdeutungen auf späteres Geschehen.

3. *Die Überlegungen zur Bedeutung eines Romananfangs werden gelegentlich dahingehend pointiert, dass der erste Satz darüber entscheide, ob ein Werk gelesen werde. Er müsse Lust zum Weiterlesen machen.*

   a) *Halten Sie diese Aussage vor dem Hintergrund Ihrer eigenen Leseerfahrungen für richtig?*

   Schüler/-innen haben über diese These in der Regel kaum nachgedacht, werden sie deshalb neu überdenken müssen. Falls sie grundsätzlich zustimmen, dann wohl eher nicht mit einer tatsächlichen Beschränkung auf den ersten Satz.

   b) *Angenommen, die Aussage stimmt: Wie beurteilen Sie dann den ersten Satz von „Effi Briest"?*

   Der Satz wird kaum positiv beurteilt werden, selbst wenn die Schüler/-innen anerkennen, dass in diesem – ungewöhnlich langen – Satz die prägende Atmosphäre vorgezeichnet wird. Er weckt aber sicher kein Interesse, sondern dürfte eher abschreckend wirken.

   c) *Stellen Sie Beispiele Ihnen bekannter Romananfänge zusammen, und untersuchen Sie, wie die Autorinnen und Autoren arbeiten.*

   Da die Ergebnisse von den Beispielen der Schüler/-innen abhängen, lassen sich kaum erwartbare Ergebnisse skizzieren. Die folgenden Grundmuster könnten sich in den Beispielen finden: Anfangssatz scheint das Ende der Geschichte darzustellen; unvermittelter Einstieg in laufendes Geschehen; Irritation durch unerwartete Situation; Ankündigung dessen, was geschehen wird; Naturschilderung, um Atmosphäre zu schaffen; Personenporträt; wörtliche Rede, scheinbar mitten im Gespräch; Brief; philosophischer Satz; überraschende Erkenntnis.

   Hier könnte eine Aufgabe zum kreativen Schreiben angeschlossen werden (siehe S. 9 ff.).

   d) *Wie könnte ein alternativer Anfang von „Effi Briest" aussehen?*

   Wählen Sie eine andere Stelle aus dem ersten Kapitel aus, oder formulieren Sie einen eigenen Anfangssatz.

   Die Schüler/-innen werden dazu neigen, eigene Anfangssätze zu formulieren, evtl. auch als Zitat aus dem Roman (z. B. „Effi komm!"), es sind jedoch auch verschiedene Alternativen aus dem ersten Kapitel denkbar, wobei sie zum Teil sprachlich etwas modifiziert werden müssten, z. B. S. 5, Z. 33; S. 6, Z. 22; S. 6, Z. 39, S. 7, Z. 11.

Erläuterungen zu den Materialien

4. *Eine wesentliche Funktion eines Romananfangs ist es oft, die zentralen Figuren einzuführen: Untersuchen Sie, wie das im ersten Kapitel geschieht und welches Bild die Leser/-innen von den Personen erhalten.*
   Effi wird handelnd gezeigt und so charakterisiert, teilweise aber auch durch urteilende Aussagen der Mutter bzw. punktuell des auktorialen Erzählers. Über Innstetten erfahren die Leser/-innen nur etwas durch Effis Erzählung. Das Urteil über ihn wird also von Beginn an durch Aussagen Dritter geprägt. Das gilt für zentrale Aspekte im gesamten Roman. Deutlich weniger als Effi erhält Innstetten die „Chance", sich durch sein Handeln darzustellen (und zu „rehabilitieren").

Bild von Effi	**Bild von Innstetten**
– fleißig (S. 5, Z. 34)	– hat Karriere gemacht (S. 7, Z. 38)
– entzückend (S. 6, Z. 8 ff.)	– gut aussehend, „männlich" (s. o.)
– kindlich, natürlich (S. 6, Z. 10–14; S. 6, Z. 29–35)	– fremd (S. 9, Z. 2–5; S. 10, Z. 16–20)
– Übermut, Grazie, Klugheit, Lebenslust, Herzensgüte (S. 6, Z. 14 ff.)	– früher in Beziehung zu Effis Mutter
– freiheitsliebend, „Tochter der Luft", verspielt (S. 6, Z. 19–29)	– 38 Jahre alt (S. 9, Z. 10–14)
– stürmisch, „leidenschaftlich", leichtsinnig (S. 6, Z. 39 f.; S. 15–18; S. 8, Z. 25–29)	– Jurist (S. 10, Z. 9)
– romantisch (S. 7, Z. 32–36; S. 8, Z. 4; S. 10, Z. 3 f.)	– ernsthaft, karrierebewusst (S. 10, Z. 10; S. 10, Z. 13–16)
– am konventionellen Rollenbild orientiert (S. 7, Z. 38–41; S. 9, Z. 36)	– schneidig (S. 10, Z. 13)
– standesbewusst/dünkelhaft (S. 9, Z. 6–10)	
– fantasiebegabt (S. 11)	

Die Schüler/-innen sollten nicht nur Belegstellen auflisten, sondern eine zusammenhängende Darstellung formulieren.

5. *Als ein wichtiges Gestaltungsmittel Fontanes in diesem Roman werden Vorausdeutungen genannt: Untersuchen Sie, ausgehend vom ersten Kapitel, wo und wie Fontane damit arbeitet.*
   Es gibt keine expliziten Vorausdeutungen; etwa: „Wie sich später noch zeigen sollte ..." Beim ersten Lesen des Romans lassen sie sich eigentlich nicht erkennen, sondern erst beim Rückbesinnen oder bei der Zweitlektüre. Es genügt, den Roman bis zur Hochzeit zu untersuchen.

Beispiele für Vorausdeutungen:

S. 5, Z. 18–23	Hinweise, dass Kindheit (eigentlich) zu Ende ist	(Schaukel als Symbol)
S. 8, Z. 15–21	Hinweis auf späteren „Absturz" Effis	(Schaukel als Symbol – Es wird später während des ersten Gesprächs mit Crampas, bei dem Effi in einem Schaukelstuhl sitzt, aufgegriffen; S. 104, Z. 8 f.)
S. 8, Z. 23–35	Hinweis auf Heirat	(Gedankenspiel)
S. 11, Z. 21–33	Hinweis auf spätere Untreue Effis	(paralleles Geschehen)
S. 15, Z. 28–30	Hinweis auf Innstetten als Opfer	(Efeu als Symbol)
S. 17, Z. 11–18	Hinweis auf Scheitern der Ehe Effis und Innstettens	(Nur hier wird mögliche Vorbedeutung thematisiert/reflektiert – allerdings ohne erkennbare Konsequenzen.)
S. 20, Z. 13–20	Hinweis auf spätere Untreue Effis	(paralleles Geschehen)
S. 28, Z. 10–13	Hinweis auf späteren „Absturz" Effis	(Schaukel als Symbol)
S. 5, Z. 33–36	Könnte als Hinweis auf wichtige Rolle der Religion gesehen werden, die anfänglich allerdings kaum eine Rolle spielt. In dem Zusammenhang ließe sich auch fragen, wie weit es von Bedeutung ist, dass mit Hulda Niemeyer ausgerechnet die Tochter des Pastors die mahnende Freundin ist, allerdings auch diejenige, bei der Lebens„planung" und -weg am frühesten auseinanderdriften.	

Erläuterungen zu den Materialien

Erzählperspektiven

M 4

Zu den Aufgaben:

1. *Erläutern Sie, ausgehend von den Grafiken, Möglichkeiten und Grenzen der verschiedenen Erzählperspektiven.*

Auktoriale Erzählperspektive	Personale Erzählperspektive	Ich-Erzählperspektive
Erzähler/-in ist keine der handelnden Figuren.	Erzähler/-in ist keine der handelnden Figuren, nimmt aber die Sicht einer solchen ein.	Erzähler/-in ist eine der handelnden Figuren.
Erzähler/-in kann … … aus der Sicht aller Figuren erzählen und dabei die Perspektive wechseln, … in die Köpfe und Herzen aller Figuren hineinschauen, … Orte beliebig wechseln, … an verschiedenen Orten gleichzeitig „sein", … in der Zeit springen (nicht nur Rückblicke, sondern auch Vorausdeutungen), … kommentierend, deutend etc. eingreifen, muss es aber nicht, … relativ neutral bleiben.	Erzähler/-in kann … … nur von einer Person Erlebtes, Gedachtes, Gefühltes, Gehörtes erzählen, … nicht in die Köpfe und Herzen anderer Figuren hineinschauen, … sich immer nur an einem Ort zur selben Zeit befinden, … Geschehen nur in der Chronologie erzählen, … nur dann in der Zeit „springen", wenn klar aus der Rückschau erzählt wird, … nicht wirklich neutral bleiben. Personale/r Erzähler/-in lädt stärker als bei der auktorialen, aber weniger als bei der Ich-Erzählperspektive zur Identifikation ein.	Erzähler/-in kann … … nur selbst Erlebtes, Gedachtes, Gefühltes, Gehörtes erzählen, … nicht in die Köpfe und Herzen anderer Figuren hineinschauen, … sich immer nur an einem Ort zur selben Zeit befinden, … Geschehen nur in der Chronologie erzählen, … nur dann in der Zeit „springen", wenn klar aus der Rückschau erzählt wird, … nicht wirklich neutral bleiben. Ich-Erzähler/-in lädt besonders zur Identifikation ein.

2. *Konkretisieren Sie Ihre Erläuterungen durch Beispiele aus dem Roman.*
   Berücksichtigen Sie dabei u. a. die folgenden (chronologisch angeordneten) Zitate:

   a) „[…] Effi aber schmiegte sich liebkosend an sie und sagte: ‚Verzeih, ich will mich nun eilen; du weißt, ich kann auch rasch sein, und in fünf Minuten ist Aschenputtel in eine Prinzessin verwandelt. […]'" (S. 13, Z. 32–35)

   b) „[…] Es soll ja keine Garnison haben, nicht einmal einen Stabsarzt, und ein Glück, daß es wenigstens ein Badeort ist. […]" (S. 25, Z. 24 f.)

   c) „Aber wiewohl sie starker Empfindungen fähig war, so war sie doch keine starke Natur, ihr fehlte die Nachhaltigkeit, und alle guten Anwandlungen gingen wieder vorüber." (S. 143, Z. 1–4)

   d) „Ja, Briest; du glaubst immer, sie könne kein Wasser trüben. Aber darin irrst du. Sie lässt sich gern treiben, und wenn die Welle gut ist, dann ist sie auch selber gut. Kampf und Widerstand sind nicht ihre Sache." (S. 182, Z. 38–41)

Die zitierten Beispiele zeigen vier Möglichkeiten, eine Person zu charakterisieren: durch explizite Selbstaussage (a); implizit durch ihr Sprechen bzw. Handeln (b); durch Aussagen Dritter (d); durch den auktorialen Erzähler (c), was ein besonderes Gewicht hat, da Selbst- bzw. Fremdaussagen Irrtümer enthalten oder bewusst manipulativ angelegt sein können, während der auktoriale Erzähler sozusagen mit der Autorität des Autors spricht und für das Gesagte „geradestehen" muss.

Die Möglichkeit der Vorausdeutung durch den auktorialen Erzähler lässt sich durch Rückgriff auf **M 3**, Aufgabe 5, veranschaulichen.

Erläuterungen zu den Materialien

Direkt gibt sich der auktoriale Erzähler nicht nur in einigen Fällen durch seine Charakterisierung von Figuren zu erkennen, sondern z. B. S. 220, Z. 19–23.

Gerade die Gespräche von Effis Eltern miteinander (S. 30–33, S. 181, S. 249 f.) machen die Grenzen der Perspektive einzelner Personen deutlich.

Durch die verschiedenen Sichtweisen verschiedener Personen, die z. B. in Effis Abwesenheit über Effi sprechen/nachdenken, kann ein differenziertes Bild von ihr gezeichnet werden.

3. *Warum wird sich Fontane für die auktoriale Erzählperspektive entschieden haben?*
   Antworten Sie begründend und greifen Sie dafür auf Beispiele aus dem Roman zurück.

   Fontane konnte so flexibler verschiedene Perspektiven darstellen und es damit weitgehend seinen Leserinnen und Lesern überlassen, das Urteil über Personen und Ereignisse zu fällen.

Erläuterungen zu den Materialien

Orte – Lebensräume – Naturdarstellung

M 5

Zu den Aufgaben:

1. *Untersuchen und vergleichen Sie die Darstellung der vier Orte, an denen Effi lebt. Betrachten Sie dabei nicht nur die eigentlichen Wohnungen, sondern auch die Natur im engeren Umfeld.*
2. *Untersuchen Sie, wie diese Lebensräume auf Effi wirken und welche Bedeutung sie für ihre Lebensgeschichte haben.*

	Hohen-Cremmen Herrenhaus	Kessin, Wohnhaus der Innstettens	Berlin, Wohnung Keithstraße 1c	Berlin, Wohnung Königgrätzer Straße
Wohnung	– nach außen weitgehend abgeschlossene Anlage (Herrenhaus, Seitenflügel, Kirchhof, Park mit Teich) – Freiplätze vor dem Herrenhaus (im Roman erwähnt, aber nicht genutzt) und im Garten (von Effi und den Eltern genutzt) – hohe, helle Räume	– „einfaches, etwas altmodisches Fachwerkhaus" mit Front zur Hauptstraße und Giebel zu einem Wäldchen – dunkle Einrichtung, die zu Beginn jedoch in einer „Fülle von Licht" steht (S. 41, Z. 31 f.) – im Flur Schiff, Haifisch und Krokodil – Effis Zimmer mit Blick auf Hof und Garten enthält u. a. einen Flügel, ein Aquarium und einen Blumentisch (von Gieshübler) – im ungenutzten, vernachlässigten, jedoch deutlich helleren Obergeschoss großer Saal und vier kleine Zimmer – Veranda zur Straße	– Keithstraße ist zunächst eine Idee der Mutter. Es ist eine elegante Gegend. – helle Wohnung mit großem Balkon in einem Neubau in einer aufstrebenden Wohngegend – Balkon Richtung Tiergarten – „kein Haifisch, kein Krokodil" (S. 171, Z. 30 f.)	– kleine Wohnung, „durchschnittsmäßig und alltäglich", ohne Garten oder Balkon, aber „apart hübsch" (S. 219, Z. 6 f.) – Ausblick auf Bahndämme, die Christuskirche und den Matthäikirchhof
Natur	– Natur im eigentlichen Sinne gibt es nicht, sondern einen künstlich angelegten Ziergarten und Park mit Teich – wesentliche Pflanzen: Canna indica, Rhabarber, Efeu, Platanen, wilder Wein, Heliotrop	– hinter dem Hof, der eigentlich nur ein schmaler Gang ist, kleiner Garten mit Buchsbaum- und Gemüsebeeten sowie einigen Obstbäumen – „eigentliche Natur" liegt außerhalb: Kessine, Meer, Strand, Dünen, Wald	– Wohnung liegt in der Nähe des Tiergartens, einer künstlichen Parkanlage	– Natur im eigentlichen Sinn ist nicht zu sehen – der vom Fenster aus zu sehende Kreuzberg soll begrünt werden

Erläuterungen zu den Materialien

	Hohen-Cremmen Herrenhaus	Kessin, Wohnhaus der Innstettens	Berlin, Wohnung Keithstraße 1c	Berlin, Wohnung Königgrätzer Straße
Wirkung auf Effi	– Paradies (S. 162, Z. 16–20); dass dies künstlich und gegen die Außenwelt abgeschlossen ist, ist ihr nicht bewusst (S. 236, Z. 28–35).	– Einrichtung weckt zunächst Effis Neugier, Reiz des Exotischen – Effi empfindet anfangs Behagen (S. 43, Z. 36 ff.) – später bedrückend – Spukhaus – „gemütlich und unheimlich zugleich" (S. 84, Z. 34) – Innstetten verweigert Veränderungen oder Umzug	– Effi ist von Anfang an von der Wohnung angetan – (Ausblick auf den) Tiergarten spricht sie sehr an – Effi lebt auf	– Effi sieht „gern Kirchhöfe" (S. 219, Z. 36) – Züge scheinen sie nicht mehr zu interessieren, signalisieren weder Fern- noch Heimweh
Bedeutung für Effi	– ist der Ort, an dem Effi frei(?), geborgen und ohne Verantwortung tragen zu müssen aufwächst – ist während der Ehe immer wieder Sehnsuchtsort (z. B. S. 74, Z. 20– S. 75, Z. 11) – bietet nach Innstettens Trennung von ihr die Möglichkeit der Rückkehr in eine Kindheit, in der sie keine Verantwortung übernehmen muss(te) – ist außerhalb der Zeit (Sonnenuhr liegt zu Beginn im Schatten, ist am Ende abgebaut) liegendes Paradies	– die Wohnung entspricht den Beengungen, die Effi in der Ehe empfindet – die Nutzung der Veranda erzwingt Privatleben in der Öffentlichkeit	– die neue Wohnung (in einem Neubau!) und das Tiergartenumfeld bedeuten für Effi die Hoffnung auf einen Neuanfang – der auf den Tiergarten ausgerichtete Balkon ermöglicht ein Leben im Freien, ohne sich der Öffentlichkeit präsentieren zu müssen	– die Wohnung kennzeichnet Effis beengtes Leben – fehlendes Interesse an den Zügen zeigt, dass Effi resigniert hat, sich mit ihrem Leben abgefunden hat – Blick auf den Kirchhof kann an Hohen-Cremmen erinnern, aber auch Tod und Todessehnsucht signalisieren – der begrünte Kreuzberg wäre wieder nur von Menschen gemachte „Natur" und damit weniger bedrohlich

Die Detailanalyse zeigt, wie wichtig die Gestaltung von Orten und Räumen Fontane ist, um Psychologisches zu transportieren: Hohen-Cremmen und Keithstraße sind hell und großzügig, Kessin und Königgrätzer Straße dunkel und beengt. „Freie" Natur verunsichert Effi und wird zur Bedrohung, vom Menschen gestaltete „Natur" ist für sie positiv besetzter Lebensraum (Aufgabe 3, S. 90).

Der Schauplatz Berlin wird mehr durch die Nennung bekannter Orte gekennzeichnet als durch Beschreibung. Anders als bei den mehr oder weniger fiktiven Orten Hohen-Cremmen und Kessin kann Fontane mit „Vorkenntnissen" seines Publikums rechnen.

Erläuterungen zu den Materialien

3. *Untersuchen Sie, ausgehend von Ihren bisherigen Ergebnissen zum Stichwort „Natur", Naturdarstellung und -wahrnehmung im Roman. Weisen Sie anhand ausgewählter Beispiele nach, dass Fontane die Naturdarstellung zur impliziten Beschreibung innerer Zustände seiner Figuren einsetzt.*
   Berücksichtigen Sie dabei ganz besonders den Schloon (S. 133, Z. 40 – S. 136, Z. 41).
   Zur Bearbeitung dieser Frage findet sich außerdem Material auf den Seiten 39 f., 70, 83, 87, 92, 107 ff., 113, 117, 132, 161, 171, 176, 178, 184, 201, 204, 215, 246.

Der Schloon ist im Roman das Paradebeispiel für eine symbolische Landschaft. Er ist eigentlich ein – gelegentlich sogar ausgetrocknetes – harmloses Rinnsal, kann im Winter jedoch zu einem gefährlichen Sog werden. Bedrohlich wird er durch das unsichtbar aus dem Meer herein gedrückte Wasser, das ihn zu einem Sumpf macht. Effis Schlitten kann ihn nicht durchqueren. Bei der Suche nach einem anderen Weg durchqueren die Schlitten einen dunklen Wald, was bei Effi Angst auslöst (S. 136, Z. 16–29). Der Schloon steht symbolisch für das „Versinken" Effis in einer „dunklen" Verbindung mit Crampas. Wie sehr Effi diese – reale – Bedrohung bewusst ist, wird daran erkennbar, dass sie schon zu einem Zeitpunkt an die „Gottesmauer" denkt, zu dem Crampas sich noch korrekt verhält. Sie steckt schon in dem „Sumpf", fürchtet sich vor dem Versinken, kann sich dem drohenden Sog jedoch nicht entziehen, will das aber auch nicht (S. 136, Z. 27 ff.). Dass Menschen einem Sumpf/Sog bei richtiger Ausrüstung (und Einstellung?) nicht zum Opfer fallen müssen, zeigt sich bei Sidonie von Grasenabb. „Für [sie] hat es nicht viel auf sich" (S. 134, Z. 7 f.), ihr Wagen mit seinen hohen Rädern durchquert den Schloon weitgehend problemlos. Damit scheint Fontane ihre Einstellung zu Moral und Religion zu bestätigen. Auch Effis Schlitten entkommt der Gefahr – ein Zeichen dafür, dass es Effi selbst ebenfalls möglich gewesen wäre.

Generell steht Wasser im Roman als Zeichen für Bedrohung:
- Teich in Hohen-Cremmen (S. 11, Z. 17–24)
- Meer
  - S. 39, Z. 33–42; S. 107, Z. 36 – S. 108, Z. 8 (Effis erster Besuch am Meer findet gemeinsam mit Crampas statt)
  - S. 109, Z. 23–29 (deutlicher Wetterumschwung, als Effi erstmals ohne Innstetten mit Crampas ausreitet)
  - S. 117, Z. 1–8 (stürmisches Meer beim Picknick von Effi und Crampas)
  - S. 141, Z. 10 – S. 142, Z. 6 (Meer als reale Bedrohung für das Schiff, gelungene Rettung für Effi als Zeichen dafür, dass Rettung vor dem Wasser möglich ist)

Grün ist die Farbe der Hoffnung und des Neubeginns, und als Effi in die neue Wohnung in der Keithstraße einzieht, zeigen die Bäume im Tiergarten „überall einen grünen Schimmer", auch das gute Wetter signalisiert Positives, entsprechend hoffnungsfroh reagiert Effi (S. 171, Z. 15–22).

Effi kann mit menschengemachter „Natur" (Park in Hohen-Cremmen, Tiergarten in Berlin, aber auch Kirchhof in Kessin [S. 92, Z. 33–41 – Zeichen für Todessehnsucht?]) deutlich mehr anfangen, als mit „echter" Natur (besonders deutlich S. 236, Z. 28–35).

Vor dem Duell mit Crampas pflückt Innstetten eine „blutrote Nelke" (S. 204, Z. 15–19).

Explizit formuliert Fontane den Zusammenhang (d. h. in diesen Fällen den Kontrast) zwischen äußerer Natur und inhaltlicher Befindlichkeit bei Innstettens Ankunft in Kessin vor dem Duell mit Crampas (S. 201, Z. 22 ff.) und als Effi den Brief erhält, in dem ihre Mutter ihr mitteilt, dass Innstetten sich von ihr trennt und sie nicht nach Hohen-Cremmen kommen darf (S. 215, Z. 4 ff. und 32–35).

Erläuterungen zu den Materialien

Peter Trom: Deutscher Normal=Roman.

M 6

Zu den Aufgaben:

1. *Analysieren und interpretieren Sie das Gedicht, indem Sie zusammenfassend herausarbeiten, was nach Auffassung des Autors die wesentlichen Merkmale des „Deutschen Normal=Romans." sind und wie dieser beurteilt wird.*
   Wesentliche Merkmale: Der „Deutsche Normal=Roman." erzählt klischeehaft romantische Liebesgeschichten mit stereotypen Protagonistinnen und Protagonisten und stereotypen, kitschigen Handlungselementen, traditioneller Rollenverteilung, erwartbarer Entwicklung und Lösung, die immer ein Happyend ist.
   Beurteilung: Die Satire zeigt mit ihren Übertreibungen, dass der „Deutsche Normal=Roman." grundsätzlich abgelehnt wird. In dieser Komprimierung mit Pseudokonflikten und aufgesetztem Happyend ist er eigentlich nicht ertragbar, offenbar aber ein erfolgreiches Serienprodukt.

2. *Ein wesentliches Merkmal von Effis Vetter Dagobert ist, dass er die Satirezeitschrift „Fliegende Blätter" liest. Stellen Sie sich vor, Effi hätte darin dieses Gedicht gelesen: Hätte sie es auf sich beziehen können? Informieren Sie sich hierfür u. a. über die Bücher, die Effi sich von Roswitha aus der Leihbibliothek holen lässt (S. 167).*
   Effi hätte das Gedicht auf sich beziehen können. Auch wenn Effis Bücherliste keiner der in den „Fliegenden Blättern" beschriebenen konventionellen deutschen Kolportageromane enthält, zeigen die konkreten Nennungen – auch bei den Gedichten im Gespräch mit Crampas (S. 114–119) – einen Hang zum Romantischen und Abenteuerlichen, der dem im Gedicht Kritisierten zumindest nahekommt.

3. *Zeigen Sie, wie sich Effis Lektüre auf ihre Lebenseinstellung und ihr Verhalten ausgewirkt haben kann.*
   a) Effi erzählt die Jugendgeschichte Innstettens und ihrer Mutter, die Einfluss auf ihre Vorstellungen vom anderen Geschlecht und von der Ehe hat, wie den typischen trivialen Liebesroman; S. 7–10 / „[...] eine Liebesgeschichte mit Held und Heldin, und zuletzt mit Entsagung." (S. 7, Z. 35 ff.).
   b) Effis naive und unklare Vorstellungen von Ehe und Liebe könnten aus derselben Quelle stammen. Die eher nüchtern wirkende Ehe ihrer Eltern ist dafür vermutlich nicht das Vorbild. Dass das nicht nur für ihren Stand gelten muss, veranschaulicht ein Aussage des SPD-Vorsitzenden August Bebel aus dem Jahr 1879: „Mit dem Eintritt in die Ehe betritt die Frau in der Regel ein ihr vollkommen fremdes Gebiet; sie hat sich davon ein Fantasiegemälde entworfen, meist aus Romanen der nicht empfehlenswertesten Art, das zu der Wirklichkeit wenig paßt." (aus: „Die Frau und der Sozialismus").
   c) Effis Wünschen für die Ausstattung des Hauses in Kessin (japanischer Bettschirm, rote Ampel; S. 24 f.) liegen sicher keine realen Erfahrungen zu Grunde.
   d) Innstettens Bericht über Kessin und seine Bewohner kommentiert Effi u. a. mit dem Satz „Das ist ja wie sechs Romane, damit kann man ja gar nicht fertig werden." (S. 39, Z. 6 f.). Ihr Maßstab für die Beurteilung von Wirklichkeit stammt aus der Fiktion. Effi hofft hier in der Provinz auf das Abenteuerliche, Exotische, „vielleicht einen Neger oder einen Türken, oder vielleicht sogar einen Chinesen" (S. 37, Z. 38 f.), also letztlich Konstellationen, die sie im Grunde nur aus Kolportageromanen kennen könnte.
   e) Es ist nicht auszuschließen, dass Effis Spukangst und ihr Umgehen damit einen „literarischen" Ursprung haben. Die „Gruselgeschichte", die Effi in einem Reisehandbuch entdeckt, mit dem sie sich während Innstettens Besuch bei Bismarck ablenken will, legt sie allerdings sofort beiseite (S. 58 f.).
   f) Während der Fahrt durch den Schloon kämpft Effi ihre Angst vor der prekären Situation mit literarischen Bildern (Brentanos „Gottesmauer"; S. 136) nieder.
   g) Effi spricht in einem der Briefe an Crampas von Flucht (S. 196, Z. 40), obwohl rechtlich eine Scheidung möglich wäre.

Erläuterungen zu den Materialien

h) Effis Reaktion auf die Versetzung nach Berlin (z. B. S. 153, Z. 33–37) ist in einem so hohem Maße emotional, dass sie trivial wirkt. Es ist kaum vorstellbar, dass jemand außerhalb eines Kolportageromans tatsächlich so reagiert. Effi scheint für Krisensituationen keine glaubwürdigen eigenen Verhaltensmuster zu besitzen. Das gilt auch in verschiedenen Situationen nach der Trennung Innstettens von Effi. Vieles wirkt angelesen: Die Reaktion auf den Brief der Mutter (S. 214 ff.), der Zusammenbruch nach dem gescheiterten Treffen mit Annie (S. 232 f.), die „Versöhnung" mit Innstetten (S. 248 f.) und letztlich auch ihr Sterben, das sie im Gespräch mit der Mutter sogar explizit mit einem literarischen Zitat kommentiert (S. 248, Z. 16–25).

i) Für Effis Umgang mit ihrer „Schuld" ließen sich sicher literarische „Vorbilder" finden, zu beachten ist dabei jedoch auch ihr – sich wandelndes – Verhältnis zur Religion. Bei der Suche nach Ursachen für Effis teilweise exaltiertes Schuldempfinden dürften die Eltern und Pastor Niemeyer auszuschließen sein.
Wenn man sieht, wie weit man Effi und ihr Verhalten als von beim breiten Publikum erfolgreicher romantischer Abenteuer-/Kolportageliteratur geprägt ansehen kann, ist sicher die Frage nicht unangebracht, wie weit hier ein Autor, der selbst um literarischen Erfolg kämpft, eine bestimmte Leseerfahrung und Erwartungshaltung seines Publikums zu bedienen versucht.

Sozialisation

M 7

Zu den Aufgaben:

1. *Informieren Sie sich aus dem vorstehenden Text über Sozialisation und fassen Sie ihn stichwortartig zusammen.*
   Die wesentlichen Stichworte müssten sein:
   – Sozialisation als Prozess und Ergebnis der Persönlichkeitsentwicklung, des Hineinwachsens in gesellschaftliche Struktur- und Interaktionszusammenhänge.
   – Erlernen als angemessen geltender Verhaltensweisen, Regeln, Rollenmuster.
   – Familie, Bildungseinrichtungen, Vereine, Kirchen, Peergroups und Medien als wesentliche Sozialisationsinstanzen.

2. *Beschreiben Sie als Weiterführung von **M 6** Effis Sozialisation.*
   Die Ergebnisse zu **M 6** beschreiben die Sozialisationsinstanz Medien.
   Über Effis Erziehung durch die Eltern müssen auf der Basis von Indizien Vermutungen angestellt werden, da Erziehungssituationen im engeren Sinne so gut wie nicht dargestellt werden. Sie scheint aber relativ frei zu sein, wenn die Mutter Effis „Übermut und [...] Lebenslust" (S. 6, Z. ff.) positiv kommentiert („Tochter der Luft"; S. 6, Z. 23).
   Effi scheint nur bedingt altersgemäß erzogen zu werden (S. 6, Z. 25–35).
   Ihr werden traditionelle Geschlechterrollen vermittelt („Weiber weiblich, Männer männlich"; S. 7, Z. 40 f. / Ehe der Mutter; S. 9, Z. 36–40).
   Die offensichtlichste Erziehungssituation, in der Effi ein Rollenverständnis vermittelt wird, findet sich in dem Gespräch zwischen Mutter und Tochter während der Vorbereitungen auf die Hochzeit (S. 23, Z. 33 – S. 25, Z. 14).
   Generell erlebt Effi ihre Mutter als auf gesellschaftliche Normen und gesellschaftlichen Aufstieg bedacht und den Vater als jemanden, der dazu neigt zu räsonieren, Dinge in Frage zu stellen, ohne das allerdings konsequent zu Ende zu denken.
   Auch der Vater ist standesbewusst (z. B. S. 21, Z. 11–31).
   In der „Peergroup" ist Effi die „Anführerin", erlebt aber ansonsten mit Bertha und Hertha Jahnke auf der einen und Hulda Niemeyer auf der anderen Seite zwei unterschiedliche „Modelle".
   Eine andere Gruppe, die Effi prägt, sind die jungen Offiziere der Rathenower Garnison, von denen sie die „Huldigungen" zu erhalten scheint, die ihr so wichtig sind (S. 8, Z. 25–35).
   Die deutlichste – wenn auch subjektive und wohl stark von der Situation geprägte – Aussage zur Sozialisationsinstitution Kirche kommt am Ende des Romans von Frau von Briest, die Pastor Niemeyer kritisiert (S. 250, Z. 19 f.).

Erläuterungen zu den Materialien

3. *Untersuchen Sie, welchen Einfluss Effis Sozialisation auf ihre Zustimmung zur und ihre Erwartungen an die Ehe hat.*
Den wesentlichen Einfluss auf Effis Zustimmung und Erwartungen hat wohl die Mutter mit ihrer eigenen Entscheidung, statt Innstetten Briest zu heiraten; somit also weniger durch Erziehung denn als Vorbild. So scheint es für Effi z. B. keine Notwendigkeit zu geben, den großen Altersunterschied zu hinterfragen. Das lässt sich durch Effis Ablehnung der von der Mutter als Gedankenspiel angesprochenen Ehe mit Vetter Dagobert bestätigen (S. 28, Z. 16–21). Ein wesentliches Element stellt die „mediale Sozialisation" dar (siehe **M 6**). Gestützt wird Effis Entscheidung auch durch die „Peergroup" der Freundinnen, für die eine frühe Heirat durchaus selbstverständlich zu sein scheint (S. 8, Z. 22–35). Herthas „Effi komm." (S. 14, Z. 36) während der Verlobung steht dazu nicht im Widerspruch.

4. *Greifen Sie diese Thematik am Ende Ihrer Beschäftigung mit dem Roman noch einmal auf, indem Sie die Frage beantworten, die Effis Mutter am Ende des Romans stellt: „Ob wir nicht doch vielleicht schuld sind?"*
Gehen Sie bei Ihrer begründenden Antwort auch auf die Punkte ein, in denen Frau von Briest eine mögliche Schuld sieht.
Schuld im juristischen Sinne (siehe **M 15**) sind die Eltern nicht, im moralischen Sinn muss aber wohl von Schuld bzw. Verantwortung gesprochen werden. Dabei muss gefragt werden, welche Art von Erziehung Frau von Briest sich vorstellt, wenn sie meint, dass sie Effi „anders in die Zucht hätten nehmen müssen". Einen Hinweis darauf gibt das Gespräch zwischen Effi und Sidonie von Grasenabb über die Tochter des Oberförsters Ring, in dem Sidonie – die grundsätzlich von Fontane negativ dargestellt wird (siehe allerdings die Durchquerung des Schloon; **M 5**, Aufgabe 3) – auch von „Zucht" spricht (S. 126, Z. 32 – S. 127, Z. 5). Die Eltern haben Effi wohl nicht auf ein Leben vorbereitet, in dem sie nicht nur träumen, Zerstreuung suchen und sich auf einen Ehemann verlassen darf, sondern Verantwortung für sich und ihr Schicksal übernehmen muss.
Erklären Sie in diesem Zusammenhang, welche Antwort Frau von Briest Ihrer Ansicht nach erwartet hat und warum ihr Mann sagt: „Ach, Luise, lass ... das ist ein zu weites Feld."
Letztlich möchte Frau von Briest wohl ein begründetes Nein hören, um ihre Schuldgefühle ablegen zu können. Auffällig ist, dass Briest zunächst spontan „Unsinn" sagt, dann aber nachfragt. Wenn er dann vom „zu weiten Feld" spricht, ist das zum einen die Antwort, die zu seiner Persönlichkeit passt, denn in schwierigen Situationen neigt er dazu, sich in Floskeln zu flüchten, wenn er keine Antwort weiß oder suchen will. Zum anderen überlässt der Autor die Antwort damit seinen Leserinnen und Lesern.

„Innstetten ist ein Erzieher" **M 8**

Ausgehend von diesem Gespräch lassen sich zentrale Aspekte des Romans erarbeiten. Deshalb sollte der Zeitrahmen entsprechend großzügig geplant werden.

Zu den Aufgaben:

1. *Analysieren und interpretieren Sie das Gespräch zwischen Effi und Crampas während ihres Ausritts ohne Innstetten (S. 109–112), indem Sie u. a. die folgenden Aspekte untersuchen:*
   a) Wie kommt es zu dem Gespräch?
   b) Was wird gesagt?
   c) Welche Interessen lassen sich hinter dem Gesagten erkennen?
   d) Wie wirkt das Gesagte, warum wirkt es so, und welche Konsequenzen hat es?
   Erklärt werden muss u. a., warum Effi sich auf ein Verhältnis mit Crampas einlässt bzw. selbst die Initiative für ein solches ergreift.
   Auf Effis Initiative hin unternehmen sie, Innstetten und Crampas gemeinsame Ausritte. Als Innstetten durch berufliche Verpflichtungen gehindert wird, reiten Effi und Crampas allein aus. Um Effi zu unterhalten, erzählt Crampas Geschichten aus seiner Vergangenheit und kommt dabei auch auf Innstetten zu sprechen. Es ist nicht erkennbar, ob Effi nach ihm gefragt hat. Crampas zeichnet das Bild eines ernsten Mannes, der ein distanziertes Verhältnis zu seinen Offizierskameraden hatte. Außerdem habe ihn ein Hang zu Mystik und Spukgeschichten

Erläuterungen zu den Materialien

gekennzeichnet; dies aber weniger aus Überzeugung, als um sich aus Karrieregründen interessant zu machen. Außerdem habe er versucht, durch Spuk zu erziehen.

Crampas geht es nicht darum, Effi einfach zu unterhalten oder ihr, weil er es „gut" mit ihr meint, ein realistisches Bild ihres Ehemannes zu zeichnen, sondern er versucht, Effi für sich zu gewinnen, indem er Innstetten ins Zwielicht rückt. Das ist Effi zwar – tendenziell – bewusst (S. 113, Z. 13–17), ist aber trotzdem erfolgreich (u. a. S. 113, Z. 16–20).

Unmittelbar ist eine Wirkung auf Effi nur ungefähr zu erkennen, da Fontane das Gespräch genau in dem Moment abbrechen lässt, als Effi Stellung nehmen müsste. So kann das Gespräch nachwirken, und es muss noch keine Entscheidung gegenüber Crampas getroffen werden. Festzustellen ist jedoch bereits während des Gesprächs, dass Effi Innstetten zwar zu Beginn verteidigt – wobei sich fragen ließe, warum sie Respekt für wichtiger hält als Liebe –, zum Ende hin aber nicht mehr. Es ist Crampas offenbar gelungen, Zweifel zu säen. Deutlich wird das in Effis Gedanken nach der Rückkehr vom Ausritt (S. 112, Z. 36 – S. 113, Z. 20).

Dabei tut Crampas immer wieder so, als sei das Gesagte im Grunde harmlos, steigert sich jedoch, als er sieht, dass Effi Interesse zeigt. Mehrfach wirft er sozusagen Köder aus (S. 110, Z. 15–22 und Z. 40 – S. 111, Z. 5; S. 111, Z. 17 ff. und Z. 35 ff.; S. 112, Z. 3 und Z. 8 f.), macht halbe Rückzieher (S. 110, Z. 26 f.; S. 111, Z. 22 und Z. 27 ff.; S. 112, Z. 8 f. und Z. 19 f.) und lässt Effi halbwegs selbst die von ihm gewünschten Schlüsse ziehen (S. 112, Z. 18). Das gelingt auch deshalb, weil Effi in der Ehe nicht ganz zufrieden ist und Crampas mit dem Spuk genau das Thema anspricht, das Effi belastet. Dabei muss man ihm allerdings zugutehalten, dass er das so konkret nicht wissen konnte. Der erfahrene „Damenmann" kann sich aber sicher in die psychische Befindlichkeit einer Frau hineindenken und auf Signale reagieren (S. 111, Z. 26–34).

In der Konsequenz wird die Distanz Effis zu Innstetten so groß, dass sie bereit ist, eine Verbindung mit Crampas einzugehen, von der – bei aller „Diskretion", mit der Fontane mit ihr umgeht – zumindest feststeht, dass Effi überzeugt ist, sie ihrem Mann verheimlichen zu müssen.

Handwerklich interessant ist, dass Fontane zwischen dieses Gespräch von Effi und Crampas (ca. drei Seiten Länge) und das folgende, das mehrere Tage später stattfindet und bei dem die Annäherung der beiden recht deutlich wird (ca. sechs Seiten), nur dreißig Zeilen Erzählerbericht einfügt, in denen Effi über Crampas' Erzählungen/Unterstellungen nachdenkt.

2. *Überprüfen Sie, welche objektiven Bestätigungen es im Roman für das gibt, was Crampas über Innstetten sagt.*

Die Schüler/-innen müssten herausarbeiten, dass das, was die Leser/-innen in diesem Gespräch an Negativem über Innstetten erfahren, zunächst einmal nur durch Crampas' Aussagen verbürgt wird und dass dieser letztlich ein klares Interesse daran hat, Innstetten in einem schlechten Licht erscheinen zu lassen. Eine Überprüfung muss sich demnach an Handlungen und Aussagen Innstettens orientieren, wobei bei Aussagen auch hier wieder gefragt werden muss, wie glaubhaft sie sind. Außerdem ist zu prüfen, wofür sich der auktoriale Erzähler mit seiner Autorität verbürgt, indem er erkennbar aus seiner Sicht beschreibt oder kommentiert.

Zentraler Untersuchungsgegenstand muss der Chinese sein. Das erste Mal erwähnt im Roman wird er von Effi als Hoffnung auf etwas Exotisches und Abenteuerliches in Kessin (S. 37, Z. 39 f.; S. 38, Z. 5), doch im selben Zusammenhang erwähnt sie auch mögliche Alpträume (S. 38, Z. 6 ff.). Innstettens Beruhigung, dass der Chinese in diesen nicht erscheinen werde (S. 38, Z. 9), nimmt sie nicht als solche wahr. Der Chinese steht jetzt für Effi nicht mehr als etwas faszinierend Exotisches, sondern als bedrohlich Fremdes. Dieses Bild könnte aus der zeitgenössischen Kolportageliteratur stammen, sicher nicht aus eigenem Erleben.

Als das erste Mal Spuk erwähnt wird (S. 44, Z. 34 f.), geschieht dies relativ unvermittelt und überraschend, weil Effi zunächst als gut gelaunt dargestellt wird. Johanna gibt eine plausible Erklärung. Als Innstetten dann auf Effis Wunsch, die Gardinen oben im Saal zu kürzen, nicht wirklich eingeht, nennt er weitere plausible Erklärungen (S. 49, Z. 1–4). Übersinnliches steht nicht zur Debatte.

Das gilt auch für das Bild des Chinesen, das auf einen Binsenstuhl geklebt ist. Effi scheint in Innstettens Reaktion mehr hineinzulesen, als angebracht ist (S. 51, Z. 2–12).

Zu einer Bedrohung werden Spuk und Chinese erst, als Effi sich einsam und vernachlässigt fühlt, als Innstetten ohne sie zu Besuch zu Bismarck fährt (S. 57–64). Sie weiß nicht recht etwas mit sich anzufangen, langweilt sich (dazu auch S. 87, Z. 11 – 25), liest zur Ablenkung und gerät dabei unbeabsichtigt an eine Spukgeschichte.

Erläuterungen zu den Materialien

Sie fühlt sich eindeutig überfordert (S. 60, Z. 1–10), hat Angst (S. 62, Z. 11 ff.). Offenbar will sie sich deren wahre Ursachen (vor allem das Gefühl der Überforderung durch die Ehe) nicht eingestehen und spricht von dem spukenden Chinesen (S. 63). Sie erhält jetzt Zuwendung, um die es ihr wohl unbewusst geht. Als Johanna Innstetten von den Ereignissen berichte, reagiert er verständnisvoll und fürsorglich. Effis Wunsch, in ein anderes Haus zu ziehen, will er allerdings aus gesellschaftlichen Rücksichten nicht erfüllen (S. 67, Z. 8–15), stellt aber bei allen rationalen Erklärungsversuchen die Existenz von Spuk nicht grundsätzlich in Frage. In diesem Zusammenhang findet sich auch eine Äußerung, die Crampas' späteren Vorwurf, Innstetten nutze Spuk, um sich interessant zu machen, zu bestätigen scheint (S. 67, Z. 25–28). Besonders in Effis Reaktion zeigt sich eine beginnende Entfremdung (S. 67, Z. 31 – S. 68, Z. 3; dazu auch S. 84, Z. 6 – S. 85, Z. 1).

Nach dem Gespräch mit Crampas „erkennt" Effi den Erzieher Innstetten (S. 124, Z. 25–33). Aus ihrer Sicht scheint diese Einschätzung nicht ganz von der Hand zu weisen zu sein, doch letztlich verlagert sie hier die „Schuld" und verdrängt, dass Innstettens Hinweis auf ein mögliches schlechtes Gewissen seine Berechtigung hat; in Verbindung mit dem Chinesen vor allem deshalb berechtigt, weil er für eine ungeklärte (sexuelle?) Beziehung steht (S. 147, Z. 12–24). Wenn Effi sich selbst gegenüber ehrlich ist, sieht sie dies (S. 143, Z. 10–16). Innstetten ist hier also eher Psychologe als Erzieher.

Am ehesten belegbar ist „Erziehung durch Spuk", als Innstetten nach Berlin reisen will (S. 145, Z. 13–33). Vielleicht greift er aber auch deshalb zu diesem Mittel, weil er eine offene Aussprache über Effis Verhältnis zu Crampas nicht wagt. So könnte er z. B. bei seiner Ankunft in Berlin in der Keithstraße, als er sagt: „Und hoffentlich auch kein Spuk." (S. 171, Z. 31), „Spuk" gut durch „Crampas" ersetzen. Effi versteht es auf jeden Fall so (S. 171, Z. 32 ff.). Später meint sie, dass Spuk weniger schwer zu ertragen sei als das wirkliche Leben (S. 222, Z. 5–9).

Innstetten wird hellhörig, als Effi ihm nach seiner Rückkehr aus Berlin vorwirft, er setze den Spuk als Erziehungsmittel ein (S. 154), denkt hier aber nicht konsequent zu Ende, da er seiner Frau letztlich vertraut. Dabei scheint diese hier das Thema „Spuk" und den Vorwurf, Innstetten sei ein Erzieher, ganz bewusst und wider besseres Wissen einzusetzen, um Innstetten von seinem berechtigten Verdacht abzulenken.

Zusammenfassend ist zu sagen, dass Crampas' Vorwürfe gegen Innstetten weitestgehend unberechtigt sind. Das „bestätigt" Fontane(!) durch Innstettens Gedanken bei dessen Rückkehr nach Kessin für das Duell (S. 203, Z. 30–35). Wenn Innstetten sich am Ende unter dem Einfluss des Zusammenbruchs seiner Ehe Schuld gibt und dabei die frühere Charakterisierung durch Crampas und Effi übernimmt (S. 243, ab Z. 16), ist dies letztlich mehr Ausdruck seiner Verzweiflung als spätes Erkennen tatsächlicher eigener Fehler.

3. *Stellen Sie sich vor, dass Effi Innstetten nach dem Ausritt von dem Gespräch berichtet, und gestalten Sie dieses Gespräch.*
   Es gibt hier einigen Spielraum. Wichtig ist, dass die Schüler/-innen nicht spontan und unreflektiert arbeiten. Deshalb sind die vorangehenden Aufgaben wichtige Vorarbeiten.

4. *Erläutern Sie Ihre Produktionsüberlegungen: Warum könnte/würde das Gespräch so ablaufen?*
   Interessant wird vor allem sein, wie Innstetten nach Vorstellung der Schüler/-innen reagiert und wie diese Reaktionen begründet werden. Sie müssen sich hier auf ein bestimmtes Bild von Innstetten festlegen, das sie plausibel aus dem Roman belegen müssen.
   Gehen Sie im Rahmen Ihrer Erläuterungen auch auf die folgenden Aspekte ein:
   Warum berichtet Effi im Roman Innstetten nicht von dem Gespräch mit Crampas?
   Crampas bedient letztlich Vorbehalte Effis, die sie schon bisher nicht artikuliert hat. Ihre Zweifel an einer verständnisvollen Reaktion könnten zu groß sein. Wenn Effi Innstetten berichten würde, würde der möglicherweise die Beziehung zu Crampas abbrechen.
   Was hätte sie ihm – vorausgesetzt, Fontane hätte Innstetten fragen lassen – im Roman tatsächlich gesagt?
   Hier ließe sich gegebenenfalls einleitend fragen, ob und mit welchem Motiv / welcher Erwartungshaltung (Interesse, Skepsis, Eifersucht?) Innstetten gefragt hätte. Falls ja, hätte Effi aus den oben skizzierten Gründen ein harmloses Gespräch erfunden.

Erläuterungen zu den Materialien

Wie würde sich der Roman weiterentwickeln, wenn das von Ihnen geschriebene Gespräch stattgefunden hätte?
Die Antwort kann nur in Form einer knappen Skizze gegeben werden. Die Schüler/-innen müssten erkennen, dass sich das Geschehen in keinem Fall so weiterentwickeln könnte wie im Roman.

5. *Untersuchen Sie, welche Funktion die Gespräche im Roman haben.*
Dialoge sind das zentrale gestalterische Element des Romans, hinter dem das eigentliche Erzählen zurücktritt. Etwas zugespitzt lässt sich sagen, dass der Erzählerbericht nur den Rahmen für die Gespräche liefert bzw. die Lücken zwischen ihnen füllt. Die Gespräche zeigen die beteiligten Personen und ihr Denken – z. B. ihre Ansichten über Dritte – scheinbar unmittelbar, ohne die Vermittlung und Deutung durch den Erzähler. Den Leserinnen und Lesern werden verschiedene Perspektiven angeboten, und sie können/müssen sich so ihr eigenes Urteil bilden. Durch Gespräche werden Personen in den Roman eingeführt; entweder (zumindest zum Teil) als Sprechende (z. B. Effi, Frau von Briest), womit die Leser/-innen einen (relativ) unmittelbaren Eindruck von ihnen erhalten, es wird über sie gesprochen (z. B. Innstetten), wodurch der Eindruck entsteht, dass gelenkt wird. In den Gesprächen werden Beziehungen zwischen Personen verdeutlicht, z. B. in den Gesprächen Effis mit Innstetten über den Spuk; wird Geschehenes oder Erwartetes reflektiert, besonders markant vielleicht die Gespräche von Effis Eltern, z. B. nach der Hochzeit (S. 30–33) und nach Effis Tod (S. 249 f.), und die Gespräche von Wüllersdorf und Innstetten (S. 197–200, S. 242–245); oder wird Handlung vorangetrieben, z. B. die Gespräche zwischen Effi, Innstetten und/oder Crampas. In den meisten Fällen handelt es sich um Zwiegespräche, selten sind mehr Personen beteiligt.

Eine ähnliche Funktion wie die Gespräche haben die Briefe, wobei längst nicht alle, von denen die Leser/-innen erfahren, zitiert werden.

Zu beachten ist auch, welche Gespräche nicht stattfinden (n. s.) bzw. von welchen nicht berichtet wird (n. b.), z. B. ein Gespräch des Ehepaars Briest über Innstettens Heiratsantrag vor der Hochzeit (n. s. oder nur n. b.?), Gespräche von Effi und Crampas während ihrer heimlichen Treffen (n. b.), Gespräch von Innstetten mit Effi nach der Entdeckung der Briefe (n. s.).

Wichtig ist, dass die Schüler/-innen ihre Ergebnisse durch Beispiele veranschaulichen.

Erläuterungen zu den Materialien

„Muss es sein?"

Gespräch zwischen Innstetten und Wüllersdorf

M 9/1

Zu den Aufgaben:

1. *Stellen Sie sich vor, das Gespräch zwischen Innstetten und Wüllersdorf (S. 197–201) fände heute statt. Gestalten Sie dieses Gespräch.*

   Die Bearbeitung dieser Aufgabe bietet die Möglichkeit, heutige Moralvorstellungen und Normen zu reflektieren.
   Die Schüler/-innen müssten berücksichtigen, dass ein Duell heute auch für Innstetten nicht zur Diskussion stehen dürfte. Ebenso wenig gibt es andere Möglichkeiten (gesellschaftlich tolerierter) von Selbstjustiz. Die Frage ist wohl eher, ob überhaupt eine Trennung von Effi notwendig ist. Wüllersdorf wird wie im Roman eine Gegenposition zu Innstetten formulieren müssen. Interessant wird sein, ob Schüler/-innen sich vorstellen können, dass er Innstetten überzeugt.

2. *Vergleichen Sie das von Ihnen geschriebene Gespräch mit dem im Roman, und erklären Sie die Unterschiede.*

   Im Vergleich müsste deutlich werden, dass Zeitumstände einen großen Einfluss auf das Denken und Handeln der Menschen haben. Je nach Inhalt der Gespräche könnte/sollte deutlich werden, dass Menschen auch heute gesellschaftlichen Zwängen unterliegen, die sie vielleicht – wie Innstetten – erkennen, denen sie sich jedoch nicht entziehen können.

3. *Wie lautet Ihre Antwort auf Wüllersdorfs Frage: „Muss es sein?"*
   Antworten Sie begründend. Gehen Sie dabei auch auf Innstettens Begründung seines „Ja" ein.

   Vor dem Hintergrund der heutigen Zeit geht es nicht darum zu klären, welche Bedeutung das Duell für Fontane hat, der diesem Komplex letzten Endes nicht umsonst so viel Raum widmet. Dabei wird das Duell als solches kaum dargestellt; anders würde das möglicherweise auch nur „Voyeurismus" bedienen.
   Es ist nicht auszuschließen, dass Schüler/-innen die Frage vor dem Hintergrund der Zeit mit Ja beantworten. Eigentlich müsste aber deutlich werden, dass im Grunde sogar in der Zeit zwar die Scheidung wohl unerlässlich ist, aber nicht das Duell. Für das gibt es ja nicht einmal einen möglicherweise verständlichen emotionalen Grund, nach dem Wüllersdorf fragt (S. 198, Z. 26 ff.). Innstettens Begründung könnte nachvollziehbar sein, zeigt aber vor allem, dass der entscheidende Fehler darin liegt, Effis Untreue überhaupt „öffentlich" gemacht zu haben. Die Antwort wird u. a. davon abhängen, für wie wichtig die Schüler/-innen die öffentliche Meinung halten.

Zwischen Pflicht und Neigung

M 9/2

Zu den Aufgaben:

Die Fotos aus Bühnenadaptionen des Romans im Anhaltischen Theater Dessau und im Schauspiel Essen, Grillo Theater, zeigen Effi mit Innstetten und Crampas:
Den Schülerinnen und Schülern muss bewusst sein, dass die Bühnenfassung eines Romans eine Interpretation der Vorlage ist, von der die konkrete Inszenierung eine weitere Interpretation ist, ebenso wie das Foto und ihre eigene Auseinandersetzung damit. Das gilt erst recht, weil die Zuordnung zu einem bestimmten Ereignis vermutet werden muss.

1. *Untersuchen Sie, wie das Verhältnis zwischen Effi und dem jeweiligen Mann dargestellt wird.*

   Effi und Innstetten:
   Effis Körperhaltung auf dem Foto der Dessauer Inszenierung könnte als Unterwerfungsgeste oder als Flehen interpretiert werden. Innstettens Haltung zeigt keine Dominanz oder Stolz, sodass Unterwerfung auszuschließen ist. Er scheint allerdings mit Effis Reaktion auch nicht wirklich umgehen zu können, wirkt irritiert und hilflos. Es gibt kein Verhältnis von Gleich zu Gleich.
   Bezogen auf den Roman ist vorstellbar, dass Effi Innstetten anfleht, das Kessiner Haus zu verkaufen (S. 65–68).

Erläuterungen zu den Materialien

Das Zirkuspferd als Kinderspielgerät auf dem Foto der Essener Inszenierung signalisiert sehr plakativ Kindlichkeit. Sie wird durch Effis Mimik und Gestik bestätigt/verstärkt. Innstetten wirkt eher wie ein wohlwollender Vater als wie ein künftiger Ehemann. Das Bild signalisiert deutlich die Fragwürdigkeit der Ehe bzw. einer erfolgreichen Ehe zwischen den beiden. Vorstellbar ist, dass Effi hier erstmalig ihren zukünftigen Ehemann trifft.

Effi und Crampas:

Crampas' Körperhaltung auf dem Foto der Dessauer Inszenierung signalisiert sexuelles Begehren, auf das Effi eher abweisend, zumindest aber irritiert zu reagieren scheint.

Auf dem Foto der Essener Inszenierung strahlen Effi und Crampas – der allerdings etwas weniger – Fröhlichkeit, Verspieltheit und Lebensfreude aus; nicht nur durch Mimik und Gestik, sondern auch dadurch, dass sie barfuß laufen. Effi scheint hier zu etwas zurückzufinden, was ihr vor der Ehe zu eigen war (siehe auch das Essener Effi/Innstetten-Foto), das sie in der Ehe jedoch verloren hat.

2. *Nehmen Sie begründend Stellung, ob bzw. wie weit diese Darstellungen/Interpretationen für Sie nachvollziehbar sind.*

   Die Interpretationen des Verhältnisses zwischen Effi und Innstetten werden voraussichtlich eher Zustimmung finden als die des Verhältnisses zwischen Effi und Crampas. Das liegt zum einen daran, dass sich die Effi/Innstetten-Fotos im Roman dargestellten Situationen zuordnen lassen können, was für die geheimen Treffen Effi mit Crampas nicht gilt. Wenn überhaupt, wird dann jedoch eher das Foto der Dessauer Inszenierung Zustimmung finden. Die von dem Essener Foto vermittelte Fröhlichkeit und Verspieltheit in der Beziehung wirkt vermutlich weniger wahrscheinlich. Das könnte eventuell auch für die plakativ signalisierte Kindlichkeit des Essener Effi/Innstetten-Fotos gelten.

3. *Greifen Sie eine der Situationen auf, und gestalten Sie eine kurze Spielszene.*

   Es ist denkbar, die Aufgaben 2 und 3 gegeneinander zu tauschen. Damit hätten die Schüler/-innen die Möglichkeit, Deutungsansätze im Spiel zu erproben und die Ergebnisse später in die Stellungnahme einzubeziehen.

   Die Schüler/-innen werden versuchen müssen, ihre Szene weitgehend zu improvisieren, da kaum genug Zeit zur Verfügung stehen wird, um Dialoge zu schreiben und zu lernen. Dabei kann die Spielszene zu einem der Fotos hinführen, es aber auch als Beginn der eigenen Szene verwenden. Die Schüler/-innen könnten sich – wie sie es später bei **M 17/1** sehen werden – zumindest in Effi/Innstetten-Szenen sehr eng an den Romantext anlehnen, werden sich vermutlich jedoch nur am Handlungsrahmen orientieren. Erwartbare Ergebnisse lassen sich kaum skizzieren.

   Zentrale Fragen bei der Diskussion der Spielszenen sollten sein: Ist es gelungen, die auf dem Foto dargestellte Situation/Atmosphäre aufzugreifen? Ist das gezeigte Geschehen vor dem Hintergrund dessen, was über die Personen bekannt ist, plausibel? Ließe sich die Szene in den Roman integrieren? Lassen sich durch die Spielszene neue Erkenntnisse über die Personen und ihr Verhältnis zueinander gewinnen?

   Diese Fragen könnten sowohl gemeinsam entwickelt als auch vorgegeben werden. Zumindest ganz pauschal müsste die letzte Frage positiv beantwortet werden können.

   Im Spiel können/müssen Überlegungen konkretisiert werden, die sich im analysierenden Gespräch auf einer sehr theoretischen „Was wäre wenn?"-Ebene bewegen würden.

Erläuterungen zu den Materialien

M 10

Die Männer um Effi

Zu den Aufgaben:

1. Analysieren Sie die Beziehung Effis zu Innstetten, Crampas, ihrem Vater, Vetter Dagobert und Gieshübler, und beschreiben Sie die Bedeutung, die diese Männer für Effi haben. Belegen Sie Ihre Ergebnisse mit ausgewählten Zitaten.

Briest	Dagobert von Briest	Geert von Innstetten	Crampas	Gieshübler
… steht auch für Effi erkennbar im Schatten seiner Frau.	… ist im Roman der einzige Mann aus Effis Generation.	… ist ein „schneidiger" (S. 10, Z. 13), gut aussehender Mann.	… ist, was Effi bewusst ist, ein „Damenmann", übt aber wegen eines Duells einen exotischen Reiz auf sie aus.	… „huldigt" Effi vom ersten Tag in Kessin an (S. 52, Z. 16 f.) und sorgt für ihre Zerstreuung (S. 85, Z. 38 – S. 86, Z. 2).
… vermittelt ein traditionelles Rollenverständnis (S. 7, Z. 40 f., S. 15, Z. 28 ff.) und Standesbewusstsein (S. 21, Z. 15–31).	… „huldigt" Effi und bietet ihr Zerstreuung.	… heiratet Effi wohl, weil er sie liebt, während sie in erster Linie dem Wunsch der Eltern folgt und sich gesellschaftlichen Aufstieg verspricht.	… fasziniert Effi durch seinen Leichtsinn und sein im Gegensatz zu Innstetten recht freies Verhältnis zu Regeln und Normen (z. B. S. 108).	… übt wegen seiner Herkunft eine romantische Faszination auf Effi aus (S. 53, Z. 16–19).
… bereitet Effi genauso wenig wie seine Frau auf das vor, was sie außerhalb des „Paradieses" Hohen-Cremmen erwartet.	… bedeutet eine gewisse sexuelle Herausforderung (S. 18, Z. 29–33).	… bietet Effi in der Ehe nicht die Zerstreuung und Huldigung, auf die sie meint, Anspruch zu haben.	… bietet Effi zunächst durch Ausritte und Gespräche Abwechslung vom als eintönig wahrgenommenen Ehealltag.	… hat keine sexuellen Ambitionen und stellt damit keine Gefahr dar.
… liebt seine Tochter, ohne sie deshalb unkritisch zu sehen (was freilich allerdings nicht bewusst wird).	… amüsiert Effi, wird von ihr jedoch nicht als möglicher Ehemann gesehen, weil er keinen gesellschaftlichen Aufstieg bieten kann (S. 28, Z. 14–20).	… kann emotional nicht so aus sich herausgehen, wie Effi es wohl erwartet, was nicht heißt, dass er gefühlskalt wäre (S. 46, Z. 41 ff., S. 123, Z. 11–14 S. 125, Z. 2 f.).	… geht mit Effi eine Beziehung ein, die ihr die Flucht aus Langeweile und Vereinsamung ermöglicht.	… ist für Effi „der einzige richtige Mensch hier" (S. 57, Z. 19 f.) und letztlich trotz Crampas ihr einziger Freund in Kessin.
… holt Effi letztlich nach Hohen-Cremmen zurück. „Effi komm!" (S. 235, Z. 7 f.) weist darauf hin, dass sie damit in eine Kindheit zurückkehrt, in der sie nicht gelernt hat, Verantwortung zu übernehmen.	… wird sowohl von Innstetten als auch von Innstetten als denkbarer/ besserer (?) Ehemann gesehen (S. 28, Z. 14 ff.; S. 152, Z. 34 f.).	… ist fürsorglich (S. 65, Z. 23–27; S. 69, Z. 11 f.).	… enttäuscht Effi letztlich, da er nicht zur Flucht mit ihr bereit ist (S. 196, Z. 40 – S. 197, Z. 5).	… ist derjenige, mit dem Effi am ehesten über ihre Empfindungen sprechen kann.
		… versucht auch aus Karrieregründen, Effis Spukängste zu ignorieren bzw. zurückzudrängen.		… ist trotzdem kaum als echter „Ersatz" für Freunde/Freundinnen aus der eigenen Generation zu sehen.
		… hat ein zwiespältiges Verhältnis zu Übersinnlichem und kann auch deshalb Effi nicht wirklich helfen.		… bleibt die Erinnerung an den besseren Teil der Kessiner Zeit.
		… unterwirft sich gesellschaftlichen Konventionen (Trennung von Effi, Duell), auch wenn er ihren Sinn anzweifelt.		

Erläuterungen zu den Materialien

Gehen Sie in Ihrer Darstellung auch auf folgende Fragen ein:
a) Wäre es denkbar, dass Effi sich von Innstetten hätte scheiden lassen?
b) Hätte Effi nach einer Scheidung Crampas geheiratet?
c) Wäre Dagobert von Briest der bessere Ehemann für Effi gewesen?
d) Wie sähe der „ideale Ehemann" für Effi aus?
Antworten Sie begründend.

zu a) Letztlich hätte Effi sich wohl nicht von Innstetten scheiden lassen, da er ihr fast alles bietet, was ihr wirklich wichtig ist, wenn sie ihre romantischen Schwärmereien zurückstellt: eine gesellschaftliche Karriere, wirtschaftliche Sicherheit, letztlich auch emotionale Zuwendung. Liebe ist für sie nicht von zentraler Bedeutung (S. 26, Z. 17–32), und dass Ehen ohne wirkliche Liebe „funktionieren" können, sieht sie an ihren Eltern.

zu b) Eine Ehe zwischen Effi und Crampas erscheint äußerst fraglich. Ehe bedeutet eine Verbindung von Dauer, die bei dem „Damenmann" Crampas kaum zu erwarten ist. Das dürfte Effi bewusst sein. Wenn Effi mit Crampas fliehen will, ist das letztlich wohl eher eine romantische Anwandlung und kein durchdachter Plan. Außerdem stellt sich nicht nur die Frage, ob Effi Crampas geheiratet hätte, sondern auch die umgekehrte, und die ist ganz offensichtlich zu verneinen (S. 196, Z. 40 – S. 197, Z. 5).

zu c) Dagobert von Briest wäre schon deshalb nicht der bessere Ehemann gewesen, weil er Effis gesellschaftliche Ansprüche nicht hätte befriedigen können. Er hätte ihr zwar vielleicht auch im Ehealltag Huldigungen und Zerstreuung bieten können, aber nicht (so schnell wie Innstetten) die gewünschte gesellschaftliche Position. Effi ist hier wohl auch zu sehr Tochter ihrer Mutter, als dass sie mit weniger zufrieden gewesen wäre.

zu d) Falls es so etwas wie einen idealen Partner überhaupt gibt – und es nicht doch Innstetten wäre –, dürfte es für Effi kaum möglich sein, einen zu finden.

Arnold Böcklin: „Gefilde der Seligen" — M 11

Zu den Aufgaben:

1. *Als Effi und ihre Mutter in Berlin sind, um Effis Aussteuer zu kaufen, besuchen sie auf besonderen Wunsch ihres Vetters Dagobert die Nationalgalerie, da Dagobert Effi dort das Bild „Insel der Seligen" zeigen will (S. 18, Z. 28–36). Nach allgemeiner Meinung handelt es sich dabei um das Bild „Gefilde der Seligen" von Arnold Böcklin.*
Erklären Sie, ...
a) ... warum Dagobert Effi vermutlich ausgerechnet dieses Bild zeigt.
b) ... warum Effis Mutter so reagiert, wie sie es tut.

Dieses aus Sicht der Zeit sehr freizügige, erotisch aufgeladene Bild zeigt im Hintergrund eine Gruppe zwischen Bäumen gelagerter und „lustwandelnder" Menschen. Sie werden von einem Seecentauren und drei nackten Meeresnymphen beobachtet. Böcklin hatte dem Bild ursprünglich den Titel „Tanz der Seligen auf der Wiese" gegeben. Es löste in Berlin hitzige Diskussionen aus, die sogar den Kaiser beschäftigten, der den Ankauf weiterer Böcklin-Bilder verbieten ließ. Die „Gefilde der Seligen" galten auch in den 1890er-Jahren noch als „skandalumwittert". Die Ablehnung richtete sich wie bei anderen Böcklin-Bildern aus dieser Periode gegen die heidnisch-sinnliche Motivik, die grelle Farbigkeit und den Malstil; das Bild war zu modern. Fontane, der im Rahmen seiner journalistischen Tätigkeit auch Kunstkritiken veröffentlichte, dürfte das Bild schon früh aufgefallen sein. Dabei scheint er dem Bild eher ablehnend gegenübergestanden zu haben, wie aus einem Brief an seine Tochter Martha vom 25. Juni 1889 hervorgeht: „[...] Mama macht mir stille Vorwürfe darüber [über fehlende Stimmung und Erlebnisse] und mitunter auch laute, als ob ich die Sache ändern und durch eine Nachmittagsfahrt nach Treptow oder Stralau die Insel der Seligen wiederherstellen könnte. Doch höchsten eine wie die Böcklinsche, die noch langweiliger wirkt als der Potsdamerstraßen-Alltagszustand. Mama könnte von mir lernen, wie man Einsamkeit, Stille, Langeweile menschenwürdig zu ertragen hat [...]."

Erläuterungen zu den Materialien

Dagobert von Briest flirtet mit seiner Cousine. Wenn er sagt, „es sei aber vielleicht doch gut, die ‚Insel der Seligen' schon vorher [vor der Ehe] kennengelernt zu haben", könnte das als ziemlich eindeutiges sexuelles Angebot verstanden werden. Mindestens weist es recht deutlich auf die Effi in der Ehe erwartende Sexualität („Eheglück"?) hin, die sie kurz (im Roman, nicht unbedingt im Zeitablauf) vorher im Gespräch mit den Freundinnen als „ein bisschen genant [...], aber doch nicht sehr" (S. 16, Z. 32) bezeichnet hatte. Effis Mutter, für die das Verhältnis Effis zu Dagobert nicht ganz eindeutig zu sein scheint, scheint kein „unsittliches Angebot" zu sehen, sonst würde sie wohl doch ablehnender reagieren. Vielleicht ist sie dankbar, dass Dagobert es ihr auf diesem Wege abnimmt/erleichtert, Effi auf die „Realitäten des Ehelebens" vorzubereiten. Die Situation könnte sich als Hinweis Fontanes darauf lesen lassen, dass es hier Versäumnisse gibt. Diese sind jedoch bis weit über die Zeit, in der der Roman spielt und entstanden ist, „normal".

2. *Fontane überlässt es seinen Leserinnen und Lesern, sich auszumalen, wie Effi selbst reagiert. Gestalten Sie einen inneren Monolog, in dem Effi über das Bild und die Situation nachdenkt.*

Es gibt verschiedene Möglichkeiten, wie Effi auf die Situation reagieren könnte; z. B.:
a) Sie ist völlig naiv und versteht weder das Bild noch Dagoberts Anspielungen.
b) Sie ist „peinlich berührt" und versucht das Thema zu verdrängen.
c) Sie macht sich Gedanken über ihre Ehe und die Anforderungen des Ehealltags.
d) Sie erkennt das „Angebot" Dagoberts und reflektiert es. Dies allerdings kaum zustimmend.

Es wird zu diskutieren sein, welche der von den Schülerinnen und Schülern geschriebenen Monologe wie weit plausibel sind und welche Konsequenzen/Schlussfolgerungen sich daraus für den Roman bzw. die Wahrnehmung Effis im Roman ergeben (könnten). Es gibt keine richtigen oder falschen „Lösungen", sondern nur mehr oder weniger plausible.

3. *Was vermuten Sie, warum Fontane darauf verzichtet, Effis Reaktion darzustellen?*

Der Hauptgrund dürfte sein, dass Fontane generell im Roman alles, was mit Sexualität zu tun hat, sehr zurückhaltend und vermittelt anspricht. Die Zeit war sicher nicht „reif" für Darstellungen, wie sie heute „üblich" sind. Sexualität spielte aber auch im wirklichen Leben eine geringere Rolle als heute. Der Autor müsste sich außerdem an einer schwierigen Stelle in Bezug auf Effis Persönlichkeit/Charakter festlegen. U. a. könnte dies – wie später eine mögliche Darstellung der Treffen mit Crampas – das Bild der „natürlichen" und „reinen" Effi trüben.

4. *Untersuchen Sie, ausgehend von den „Gefilden der Seligen", anhand ausgewählter Beispiele, warum Fontane im Roman wiederholt konkrete Bilder, Musikstücke und literarische Texte nennt.*

Fontane kann mit der Erwähnung von literarischen Werken, Bildern und Musikstücken implizit Atmosphäre schaffen, Situationen erläutern oder Personen und Räume charakterisieren.

Das markanteste literarische Beispiel, das auch ohne Kenntnis des Inhalts verstanden wird, ist das Stück „Ein Schritt vom Wege", das Effi unter der Regie von Crampas in der Ressource spielt. Der Titel ist selbsterklärend. Was Musik angeht, sticht der Liederabend der Trippelli hervor. Diese singt vor allem romantische Lieder, „die sie mit ebenso viel Virtuosität wie Seelenruhe vortrug, während Effi von Text und Komposition wie benommen war" (S. 78, Z. 6 ff.). Die Reaktion auf die Lieder kontrastiert die beiden Frauen – und mit ihnen zwei Lebenskonzepte – besonders deutlich.

In dem Zimmer, in dem Effi während ihres Besuchs in Hohen-Cremmen wohnt, hängen Bilder mit Kriegsdarstellungen. Dass Effi sie abgehängt sehen möchte, bestätigt, dass Hohen-Cremmen für sie heile Welt ist und bleiben soll. Da diese Bilder dort wohl schon seit Jahren hängen, zeigt sich hier auch eine Veränderung Effis.

Erläuterungen zu den Materialien

M 12/1

„Weiber weiblich" – Rollenbilder

Luise von Briest	Marietta Trippelli	Sidonie von Grasenabb	Ritterschaftsrätin von Padden	Geheimrätin Zwicker	Betreiberinnen des Pensionats	Bewohnerinnen des Pensionats
… ist auf der einen Seite an gesellschaftlichen Konventionen und traditionellen Rollenbildern orientiert, auf der anderen Seite gegen diese Rollenbilder in der Ehe dominierend. … ist auf gesellschaftlichen Aufstieg bedacht. … ist eher rational. … ist sich der gesellschaftlichen Beschränkungen für Frauen bewusst (S. 25, Z. 1–7; S. 35, Z. 13 f.) … hat als Mutter direkt (als Erzieherin) und indirekt (als „Vorbild") den größten Einfluss auf Effi, bereitet sie jedoch nicht wirklich auf die Ehe und das Leben außerhalb der Familie vor. … arrangiert die Ehe mit Innstetten. … versperrt durch ihr Beharren auf gesellschaftlichen Konventionen nach der Trennung Innstettens von Effi zunächst die Rückkehr nach Hohen-Cremmen.	… ist Sängerin und damit relativ unabhängig. … ist „stark männlich" (S. 75, Z. 32), also nicht Briests „Norm" entsprechend: Äußeres ist Zeichen ihrer – relativen – Unabhängigkeit. … ist selbstbewusst (S. 76, Z. 8 f.). … ist offen und realistisch. … fasziniert Effi durch gewisse Exotik (italianisierter Name). … fasziniert Effi vor allem durch Unabhängigkeit und Selbstbewusstsein (S. 78, Z. 14–21), doch ist sich Effi des Unterschiedes bewusst, den die Trippelli zu relativieren versucht.	… ist von bigotter Religiosität. … ist sehr auf Konventionen und „Moral" bedacht, bekämpft das, was sie für Auswüchse der Zeit hält. … lehnt Effi ab, was dieser bewusst ist, ohne sie zu belasten. … kann Effi nicht dazu bringen, sich ihren Vorstellungen anzupassen. [Dass Sidonie ein Zerrbild der damaligen Normvorstellung repräsentiert, wird den Leserinnen und Lesern mehr bewusst als Effi. Ihre relativ problemlose Durchquerung des Schloon scheint sie jedoch zu bestätigen.]	… ist schlagfertig, fromm, „glaubensstreng", moralisch doch nicht blind oder ohne Verständnis gegenüber den Verlockungen der Gesellschaft (S. 139/140). … fasziniert Effi und könnte Vorbild werden.	… ist eine lebenslustige Witwe, Männern zugetan, deren Moral gegenüber skeptisch. … ist belesen und moderner zeitgenössischer Literatur gegenüber aufgeschlossen. … glaubt generell nicht an den Bestand guter Sitten. … spricht Effi an, irritiert sie aber auch, da sie Männern gegenüber recht offen ist. … ist eine Person, von der Effi meint, sie könne von ihr lernen (S. 190, Z. 14 f.), lässt sie aber vor der modernen Literatur, die sie ihr anbietet, zurückschrecken (S. 190, Z. 18–26), weil diese sich negativ auf die Moral der Zeit auswirke. … irritiert Effi durch die Skepsis hinsichtlich des Bestandes der gesellschaftlichen Konventionen (S. 212, Z. 7–21, Z. 36–41). [Innstetten hat Sorge, dass Effi sich die Zwicker zum Vorbild nehmen könnte (S. 190, Z. 28–34).]	… verdienen selbst ihren Lebensunterhalt. … sind gebildet, rücksichtsvoll, tolerant, pragmatisch. … schaffen Effi zunächst Freiräume, weil sie unbehelligt bleibt, doch die „physische und moralische" Atmosphäre wird schnell bedrückend (S. 220, Z. 40 – S. 221, Z. 2).	… sind selbstständige Frauen, die ihre eigenen beruflichen und gesellschaftlichen Wege zu gehen versuchen. … bedrücken Effi durch die „geistige" Atmosphäre (S. 221, Z. 13 f.), weshalb sie in eine eigene Wohnung zieht und das als „Erlösung" (S. 221, Z. 25) empfindet.

Erläuterungen zu den Materialien

Zu den Aufgaben:

1. *Effi zitiert zu Beginn „eine(n) von Papas Lieblingssätzen": „Weiber weiblich, Männer männlich" (S. 7).*
   Erklären Sie, was das für Sie konkret bedeutet,
   a) wenn Sie sich in die Zeit des Romans hineindenken,
   Folgende Stichworte sind denkbar:
   Frau: Unterwerfung unter den Mann, Beschränkung auf „Kinder, Küche, Kirche", „angenehmes Äußeres" („Schönheit" wäre vielleicht schon zu aggressiv.)
   Mann: Führungspersönlichkeit, Ernährer der Familie, unabhängig, gutes Aussehen, dynamisch
   b) wenn Sie den Satz in die heutige Zeit transferieren.
   Wahrscheinlich werden Schüler/-innen den Standpunkt vertreten, dass es heute nicht mehr diese klaren Rollenbilder gibt. Es wäre aber zu bedenken, dass es zumindest bestimmte Schönheitsideale gibt und – in der Praxis – nicht alle Berufsfelder für beide Geschlechter in gleichem Maße offen sind.
   Können Sie diesem Satz zustimmen?
   Eine Zustimmung ist selbst bei einer differenzierten Betrachtung nicht zu erwarten. Gerade junge Mädchen sehen sich heute überwiegend in einer Situation, die ihnen Diskussionen über Rollenklischees und die Notwendigkeit weiblicher Emanzipation unsinnig erscheinen lassen. Subjektiv nehmen sie ihre Situation als „gleichberechtigter" wahr, als sie es objektiv wahrscheinlich ist (z. B. Doppelbelastung Beruf/Haushalt).

2. *Untersuchen Sie vor dem Hintergrund von Briests „Lieblingssatz" die verschiedenen Frauen, die im Roman erscheinen, und Effis Beziehung zu ihnen.*
   Diese Aufgabe sollte zunächst arbeitsteilig im Unterricht erarbeitet werden (siehe Tabelle S. 102) und dann als Hausaufgabe im Zusammenhang und gemeinsam mit Aufgabe 3 bearbeitet werden.
   Fontane macht differenzierte „Rollenangebote". Keines davon „passt" wirklich für Effi. Das gilt vor allem für die Modelle, die sich (mehr oder weniger) außerhalb der gesellschaftlichen Konventionen der Zeit bewegen. Effi kann sich weder vor noch nach der Trennung Innstettens von ihr von den konventionellen Rollenvorstellungen lösen, obwohl andere Lebensplanungen vorher zumindest einen gewissen exotischen Reiz ausüben.

3. *Warum empfindet Effi im Pensionat „geistigen Druck"?*
   Die Frauen, die in der Pension leben, gehen eigene – für Frauen in dieser Zeit durchaus noch ungewöhnliche – Wege, was Effi weder kann noch will (oder umgekehrt), selbst wenn sie praktisch zur selben Zeit sagt: „Wenn man muss, kann man alles." (S. 223, Z. 32 f.). Dass es „physisch und äußerlich" (S. 221, Z. 14–18) Bedrängnisse gibt, die Effi ein weiteres Wohnen in der Pension unmöglich machen, ist zwar wohl keine bewusste Ausrede, aber vermutlich in erster Linie psychisch bedingt.

Mutter-Tochter-Beziehung

M 12/2

Zu den Aufgaben:

1. *Untersuchen Sie die Fotos aus der Bühnenadaption des Romans im Anhaltischen Theater Dessau, und ordnen Sie ihnen geeignete Textpassagen aus dem Roman zu.*
   Foto 1 zeigt vermutlich das Gespräch zwischen Effi und ihrer Mutter über Instettens Briefe und die Erwartungen an Frauen während der Verlobungszeit (S. 23–28).
   Foto 2 zeigt vermutlich eine Situation direkt vor der Hochzeit. Hierfür gibt es im Roman im Grunde keine korrespondierende Stelle.
   Foto 3 zeigt die Hochzeit (S. 29 f.). Sie scheint hier weiter ausgespielt zu werden als im Roman.
   Foto 4 ist kaum wirklich zuzuordnen. Vorstellbar ist jeder Aufenthalt in Hohen-Cremmen nach der Hochzeit – bis hin zur Rückkehr nach der Scheidung. Obwohl Effi da wahrscheinlich weniger fröhlich wirken würde.

Erläuterungen zu den Materialien

2. *Untersuchen Sie, wie die Fotos die Beziehung zwischen Effi und ihrer Mutter deuten.*
   Die Beziehung zwischen Effi und ihrer Mutter ist atmosphärischen Schwankungen unterworfen. Das wird besonders bei den beiden „Hochzeitsfotos" erkennbar. Während das erste deutlich einen Konflikt zeigt, signalisiert das zweite kurze Zeit später wieder „heile Welt". Effi scheint bis zum Ende das Kind zu bleiben.

3. *Überprüfen Sie Ihre eigene Deutung der Mutter-Tochter-Beziehung vor dem Hintergrund Ihrer Ergebnisse zu Aufgabe 2.*
   Die Dessauer Inszenierung scheint mehr Spannungen zwischen Mutter und Tochter zu zeigen/herauszuarbeiten, als sie der Roman (offen) zeigt. Deren Dominanz wird deutlich, steht jedoch nicht im Gegensatz zum Roman. Die auf allen Fotos erkennbare Handtasche signalisiert das Angepasste, Konventionelle.

4. *Gestalten Sie, ausgehend von Foto Nr. 2, eine Spielszene.*
   Auch hier kann die Spielszene zu dem Foto hinführen oder es als Beginn der eigenen Szene verwenden. Erwartbare Ergebnisse lassen sich kaum skizzieren. Entscheidend muss sein, wie es zu der aggressiven Haltung der Mutter kommt bzw. wie Effi darauf reagiert. Zu vermuten ist, dass die Mutter eine Hochzeit erzwingt, als Effi Zweifel kommen. Es wäre vertretbar, wenn die Männer als „Zuschauer" im Hintergrund blieben. Die Antwort auf die Frage, ob sich die Szene in den Roman integrieren ließe, dürfte negativ ausfallen, weil die Dominanz der Mutter im Roman nicht zu offener Aggression und Konflikten führt.

Pläne, Träume

M 13

Zu den Aufgaben:

1. *„[...] und wenn du nicht ‚nein' sagst, [...], stehst du mit zwanzig Jahren da, wo andere mit vierzig stehen.", sagt Frau von Briest zu Effi, als sie ihr mitteilt, dass Baron Geert von Innstetten um ihre Hand angehalten hat.*
   Versetzen Sie sich in Effi hinein, und gestalten Sie einen inneren Monolog: Wo sieht sie sich in diesem Moment mit vierzig?
   Lassen Sie Effi auch darüber nachdenken, wie sie dorthin kommen wird.
   Effis Vorstellungen dürften sich unter die Stichworte gesellschaftlicher Aufstieg, Reichtum, Huldigung und Zerstreuung fassen lassen. Der Weg dorthin wird in Effis Vorstellung über die Ehe führen, wie ihn auch die Mutter andeutet. Ihren eigenen Beitrag könnte sie in ihrer „Liebenswürdigkeit" sehen. Was „gesellschaftlicher Aufstieg" konkret heißen kann, wird Effi vermutlich nicht formulieren können. Es ist eher unwahrscheinlich, dass Effi sich als Mutter (vieler Kinder) sieht.

2. *Belegen Sie das von „Ihrer" Effi Vorgestellte aus dem Roman heraus.*
   Die Ergebnisse hängen zwangsläufig davon ab, was die Schüler/-innen konkret schreiben. Ihnen sollte aber bewusst sein, dass sie bei Aufgabe 1 nicht frei fantasieren können, sondern berücksichtigen müssen, was aus dem Roman bekannt ist. Das heißt nicht, dass sich das dort zu Schreibende genau im Roman wiederfindet, aber es muss im Kontext plausibel sein. Von daher ist der logische Weg beim Schreiben des inneren Monologs im Grunde der von Aufgabe 2 zu Aufgabe 1; d. h., die Schüler/-innen müssen zunächst untersuchen, welche Hinweise der Roman enthält, und diese dann ausgestalten.

3. *Wo sehen Sie sich selbst mit vierzig, und wie kommen Sie dorthin?*
   Die Aufgabe richtet sich ausdrücklich nicht nur an die Mädchen. Die Beschäftigung mit dieser Frage macht nur Sinn, wenn die Schüler/-innen sie ernst nehmen. Deshalb ist die Beantwortung des zweiten Teils von Bedeutung.

4. *Vergleichen Sie Ihre Pläne, Ihre Träume mit denen Effis. Beachten Sie dabei vor allem die jeweils vorgestellten Wege. Gehen Sie dabei auch auf die folgenden Fragen ein:*
   Würden Sie eher von Plänen oder von Träumen sprechen?
   Wie erklären sich Unterschiede und Gemeinsamkeiten zwischen Effis und Ihren Überlegungen?

Erläuterungen zu den Materialien

Da es um grundsätzliche Fragen geht, ist es nicht notwendig, dass die Jungen Innstetten als Vergleichsfigur heranziehen.

Die konkreten Ziele müssen sich zwangsläufig unterscheiden, das Gemeinsame wird jedoch die Vorstellung von (gesellschaftlicher) Karriere sein. Vielleicht spielen Kinder eine größere Rolle als bei Effi. Deutlicher müssten die Unterschiede bei den Wegen sein. Während Effi ihre Ziele in erster Linie durch ihre Ehe erreichen will und in vielem vielleicht gar keine genauen Vorstellungen hat, werden sich heutige Jugendliche bewusst sein, dass sie für die Realisierung ihrer Vorstellungen arbeiten müssen. Vermutlich sind die Schüler/-innen überwiegend (deutlicher als Effi) in der Lage, zwischen Plänen und Träumen zu unterscheiden. Unterschiede werden sich zum Teil durch gesellschaftliche Veränderungen und „Angebote" erklären lassen, in hohem Maße wohl auch dadurch, dass Frauen heute arbeiten und sich eine eigene wirtschaftliche Basis zur Realisierung ihrer Pläne schaffen können. Hieran anschließend könnte die Frage diskutiert werden, wo die Quelle für die eigenen Vorstellungen zu suchen ist. Neben den Eltern werden hier vermutlich mehr, als das bei Effi möglich wäre, mediale Vorbilder genannt werden.

5. *Welche Risiken sehen Sie für die Realisierung Ihrer persönlichen Pläne und Träume?*

    Wenn man bedenkt, dass Effi u. a. an ihrer unrealistischen Weltsicht scheitert, ist es sicher sinnvoll, die Schüler/-innen nach den Risiken für die Realisierung ihrer Pläne und Träume zu fragen.

    Hierzu lassen sich nur einige grundsätzliche Aspekte skizzieren, da die Antworten stark davon abhängen, was die Schüler/-innen zu Aufgabe 3 geschrieben haben:
    – Diskrepanz zwischen eigenen und benötigten Fähigkeiten;
    – wirtschaftliche bzw. politische (Fehl-)Entwicklungen;
    – private Entwicklungen/Entscheidungen, die ein Umdenken notwendig machen;
    – „Glück" ist nicht planbar.

    Es ist kaum damit zu rechnen, dass heute gesellschaftliche Rahmenbedingungen/Normen als Risikofaktor genannt werden.

Erläuterungen zu den Materialien

Richard David Precht: Liebe – Ein unordentliches Gefühl (Auszüge) — M 14

Zu den Aufgaben:

1. *Fassen Sie die wesentlichen Aussagen Prechts zusammen.*

   Die Lebensbedingungen haben sich für die Menschen in den letzten Jahrzehnten deutlich verändert; vor allem gibt es mehr Freiräume für die jeweilige Lebensplanung. Die Veränderung der Möglichkeiten führt zu einer Veränderung der Ansprüche. Die Wahl*möglichkeit* hat jedoch eine Wahl*pflicht* zur Folge, denn wer nicht wählt, kann sich nicht verwirklichen, was heute erwartet wird. Liebe soll nicht nur soziale Sicherheit bieten, sondern auch Romantik. Romantische Liebe setzt auf Dauer, und das nicht erst heute, sondern bereits in der Vergangenheit. Romantische Liebe bedeutet Entscheidungsfreiheit ohne Orientierung an Nützlichkeitserwägungen. Anders als in der Vergangenheit ist sie heute ein Massenphänomen. Die heutige Gesellschaft will nicht (nur) soziale Sicherheit für die Einzelnen, sondern formuliert auch einen individuellen Glücksanspruch. Anders als heute hatte der Anspruch auf romantische Liebe im 18. und 19. Jahrhundert einen revolutionären Charakter. Der Anspruch auf romantische Liebe verbindet heute Gefühl und Sexualität. Liebe ist Selbstzweck mit dem Risiko, dass die Individualisierung der Menschen den Bestand der Liebesbeziehungen gefährdet.

2. *Zeigen Sie Bezüge zu „Effi Briest" auf.*

   Effi geht es wie den Großeltern in Prechts Beispiel: Hinsichtlich der Ehe hat sie im Grunde „keine Wahl", stellt das aber auch nicht in Frage. Sie formuliert allerdings Erwartungen/Ansprüche an das Leben (Zerstreuung, Huldigung), die sicher über die dieser Großeltern hinausgehen. Trotz ihrer Gebundenheit an bestimmte gesellschaftliche Regeln, kann bei Effi von einer „Normalbiografie" bestenfalls innerhalb einer herausgehobenen gesellschaftlichen Schicht gesprochen werden. Effis Vorstellungen von Liebe sind sehr ungenau. Mit ihrer Beziehung zu Crampas bricht Effi zwar aus den Regeln der Gesellschaft aus (allerdings nicht nur aus denen ihrer Zeit), aber es ist fraglich, ob man davon sprechen kann, dass sich hier ein Anspruch auf „romantische Liebe" artikuliert. Vielleicht ist gerade das, was Precht im letzten Absatz des vorliegenden Auszugs anspricht, Effis Problem: Sie hat (zu) viel Zeit, „sich um ihre eigene Befindlichkeit zu kümmern", mit den entsprechenden Gefahren.

3. *Würden Sie im Zusammenhang mit Effi von einem revolutionären Anspruch auf romantische Liebe sprechen? Antworten Sie begründend.*

   Von einem „revolutionären Anspruch auf romantische Liebe" kann man bei Effi nicht sprechen. Voraussetzung, um dies tun zu können, wäre, dass sich Effi bewusst und gezielt gegen die Konventionen ihrer Zeit stellen würde; und dass sie das nicht nur für sich persönlich täte, sondern als Vorkämpferin für die Frauen allgemein. Das tut sie jedoch nicht. Grundsätzlich stimmt sie mit den Vorstellungen ihrer Zeit und ihrer Gesellschaftsschicht überein (siehe u. a. die unhinterfragte Zustimmung zu ihrer Ehe mit Innstetten) und profitiert zunächst auch von ihnen. Effi bricht mit ihrer Verbindung mit Crampas nicht aus ihrer „Klasse" aus. Eine „revolutionäre" Wirkung könnte ihr Handeln auch nur haben, wenn es offen geschähe und auf Dauer angelegt wäre. Beides ist hier nicht der Fall. Effis Denken und Handeln ist nicht von Veränderungswillen geprägt, sondern von einer unrealistischen Weltsicht und Anspruchshaltung.

4. *Setzen Sie sich mit Prechts Aussage: „Und die wundervolle Chance ‚Sei du selbst!' ist zugleich eine finstere Drohung." auseinander.*

   Diese Aufgabe ist sicher sehr anspruchsvoll, und es sollte im jeweiligen Einzelfall entschieden werden, ob darauf evtl. verzichtet wird.

   Diese Aufgabe ermöglicht den Schülerinnen und Schülern einen reflektierenden Transfer der Thematik aus der Literaturanalyse in den Bereich ihrer eigenen Lebenserfahrungen und -erwartungen. Sie müssen sich hier mit den Chancen und Risiken der auf Individualisierung angelegten modernen Gesellschaft auseinandersetzen, wobei Prechts These vielleicht überhaupt erst einmal in den Blick rückt, dass Individualisierung nicht nur positiv gesehen werden kann/muss. Eine zweifelsfrei „richtige" Antwort gibt es nicht, wichtig ist, dass differenzierend argumentiert wird. Dies sollte möglichst konkret geschehen; also deutlich machen, was „Chance" bzw. „Drohung" bedeuten kann.

Erläuterungen zu den Materialien

„Ich will meine Schuld nicht kleiner machen"

M 15

Zu den Aufgaben:

1. *Was ist „Schuld"?*
Formulieren Sie zunächst knapp schriftlich, wie Sie diesen Begriff verstehen, und vergleichen Sie dann mit der oben stehenden Darstellung.
Da Effi den Begriff „Schuld" völlig unreflektiert verwendet, muss vor der weiteren Arbeit geklärt werden, wie er verstanden wird.
Es ist damit zu rechnen, dass auch die Schüler/-innen den Begriff eher undifferenziert nutzen, wie es im Alltag relativ gängig ist. Bei genauerer Betrachtung müssten auch das Wissen davon, dass das, was man tut bzw. zu tun vorhat, falsch ist, und „Verantwortung" thematisiert werden.
Der Vergleich müsste zu einer differenzierteren Sichtweise führen.

2. *Effi spricht nach der Trennung Innstettens von ihr mehrfach von ihrer Schuld. Ist – ausgehend von Ihren Ergebnissen zu Aufgabe 1 – diese Selbstbeschuldigung berechtigt?*
Wenn ja: Worin besteht diese Schuld? Ist sie allein schuldig?
Wenn nein: Warum nicht? Gibt es andere Schuldige?
Für die Bearbeitung dieser Aufgabe ist es hilfreich, den Romantext als Datei vorliegen zu haben (gutenberg.spiegel.de) und den Suchbegriff „Schuld" darüberlaufen zu lassen. Wesentlich als Ausgangsbasis sind die Passagen S. 227 und S. 232. (Die Schüler/-innen müssen bei der Arbeit mit dem digitalisierten Text berücksichtigen, dass der Seitenumbruch beider Fassungen nicht identisch ist, sie also für die Arbeit mit dem Buch umrechnen müssen.)
Die Antworten müssen differenziert ausfallen.
Von „Schuld" im juristischen und moralischen Sinne wird hinsichtlich der Beziehung zu Crampas gesprochen werden müssen, selbst wenn offenbleibt, wie weit diese Beziehung geht. Effi ist zu diesem Zeitpunkt nicht mehr das naive 17-jährige Kind, sie ist sich der Persönlichkeit von Crampas von Beginn an bewusst und wird nicht Opfer eines Verführers, sondern ergreift selbst die Initiative. Im Schaukelstuhl sitzend (siehe **M 3**, Aufgabe 5) flirtet sie mit Crampas (S. 104, Z. 8–15; S. 105, Z. 25–30), worauf dieser sofort reagiert (S. 106, Z. 2 f.), und die gemeinsamen Ausritte finden auf ihren Wunsch hin statt. Effi ist sich dessen bewusst, was in ihrem Abschiedsbrief an Crampas – dem einzigen ihrer Briefe an Crampas, den Fontane sein Publikum lesen lässt – deutlich wird (S. 160, Z. 10–20). Hier argumentiert sie anders als später verhältnismäßig sachlich. Zu beachten ist, wie sehr Effi in der Denkweise der Zeit gefangen ist, wenn sie Crampas weniger Schuld gibt als sich selbst.
Effis Schuldanerkenntnis/Schuldbewusstsein wandelt sich immer mehr in ein neurotisches Schuldgefühl (S. 184, Z. 42 – S. 185, Z. 31). Es müsste deutlich werden, dass Effis Selbstbeschuldigung auch etwas von Selbststilisierung in sich birgt (S. 227, Z. 35 ff.), die zu einer Selbstentschuldigung und zu Vorwürfen gegenüber dem Ehepartner führt.
Von einer Schuld Innstettens kann insofern gesprochen werden, als er – zumindest aus deren Sicht – seine Frau vernachlässigt und sich auch nicht wirklich intensiver um sie kümmert, als er bemerkt, welche Bedrohung von Crampas ausgeht (z. B. S. 137, Z. 2 – S. 139, Z. 3). Vielleicht hätte ihm von Beginn an bewusst sein müssen, welches Risiko die Ehe mit einem 17-jährigen Mädchen für beide Teile bedeutet. Aber wenn als sein Motiv für diese Ehe „Liebe auf den ersten Blick" angenommen werden darf, könnte das zumindest teilweise als „Entschuldigung" dienen. Wirklich bewusst scheint Innstetten seine Rolle erst im Gespräch über den Umzug nach Berlin zu werden, wo er auch von seiner Schuld spricht (S. 154, Z. 40–43).
In moralischer Sicht muss auch von einer Schuld der Eltern gesprochen werden, die ihre Tochter ohne entsprechende Vorbereitung verheiraten (siehe **M 7**, Aufgabe 4).
Die Schuld/Verantwortung Innstettens und der Eltern kann jedoch nicht zur Entschuldigung Effis dienen.

Erläuterungen zu den Materialien

3. *Erklären Sie, warum die Leser/-innen Effi mehrheitlich offenbar verzeihen.*

Fontane lädt durch seine Art der Darstellung letztlich zur Identifikation mit Effi ein. Es gibt praktisch niemanden, der kritische Distanz zu ihr hält.

Auch diejenigen, die ihre Schwächen erkennen, entschuldigen diese (wie Rummschüttel) oder sind sich bewusst, dass andere sie entschuldigen werden (wie ihre Mutter, S. 181, Z. 43 – S. 182, Z. 2).

Selbst wenn sich z. B. die Affäre mit Crampas nicht leugnen lässt, wird die Schuld daran überwiegend vermutlich nicht bei Effi gesehen, sondern bei Innstetten oder Crampas.

Effi ist diejenige, aus deren Sicht letztlich am häufigsten erzählt wird, und die Tendenz zur Identifikation mit ihr führt zu Verständnis oder sogar Mitleid, vor allem weil sie stirbt.

Ein Roman in seiner Epoche

M 16

Zu den Aufgaben:

1. *Fassen Sie die wesentlichen Kennzeichen der literarischen Epoche des Realismus zusammen.*

    Merkmale des poetischen/bürgerlichen Realismus:
    – poetischer oder bürgerlicher Realismus in Deutschland ca. 1848 bis ca. 1890
    – gesellschaftliche Hintergründe: materialistische Philosophie, Industrielle Revolution, Bismarck
    – Distanz zu den gesellschaftlichen Entwicklungen der Zeit
    – zentrales Thema: menschliche Gesellschaft, gesellschaftliche Verhältnisse (vor allem Bürgertum)
    – distanzierter Blick eines auktorialen Erzählers
    – Leser/-in kann/muss eigenes Urteil fällen
    – Religion und Übersinnliches spielen keine Rolle
    – Darstellung von Sexualität und Krankheit gilt als unkünstlerisch
    – Grundhaltung idyllische Resignation
    – Ablehnung des „Hässlichen"
    – Darstellung des Scheiterns des Individuums an der Gesellschaft
    – keine Literatur, die auf politische Veränderung zielt
    – Humor als Zeichen resignativer Distanzierung

2. *Untersuchen Sie, inwieweit sich in Fontanes Roman Merkmale des Realismus nachweisen lassen, und zeigen Sie, dass sich in diesem Roman eine Entwicklung/ein Umbruch andeutet.*

    Merkmale des Realismus im Roman:
    – zeitliche Verortung in der Bismarck-Ära
    – gesellschaftliche Verhältnisse sind zentrales Thema
    – Distanz zu Konventionen der Zeit
    – auktorialer Erzähler, der nicht (bzw. ganz selten) kommentiert
    – Leser/-innen sollen grundsätzlich selbst urteilen
    – Sexualität wird kaum thematisiert
    – Darstellung des Scheiterns des Individuums ist das Kernthema, zu diskutieren ist der Anteil von Gesellschaft, Mitmenschen als Individuen und Effi selbst
    – idyllische Resignation zeigt sich zumindest bei Briest und Wüllersdorf, aber auch in Effis Tod
    – Briest reagiert auf manches mit distanziertem und distanzierendem Humor
    – gegen gesellschaftliche Verhältnisse bzw. für gesellschaftliche Veränderungen wird nicht gekämpft

    Merkmale des Umbruchs im Roman:
    – trotz auktorialen Erzählers keine wirkliche Neutralität, sondern Tendenz zur Identifikation mit Protagonistin durch starke Übernahme der Perspektive Effis
    – Religion wird wiederholt – und in der Gesamttendenz wohl eher positiv – thematisiert
    – Übersinnliches ist ein zentrales Thema
    – Krankheit wird thematisiert
    – Effi scheitert nicht nur und nicht einmal in erster Linie an der Gesellschaft

Erläuterungen zu den Materialien

„Effi Briest" auf der Bühne (Auszüge aus drei Bühnenfassungen)   M 17/1

Zu den Aufgaben:

1. *„Effi Briest" ist in den letzten Jahren nicht nur mehrfach verfilmt, sondern auch für das Theater bearbeitet worden. Eine solche Bearbeitung verlangt u. a. die Anpassung der Zahl der handelnden Personen an die Bedingungen der Bühne:*
Stellen Sie sich vor, dass Sie „Effi Briest" bearbeiten würden. Welche Figuren müssten erscheinen?
Antworten Sie begründend. Gehen Sie dabei zumindest beispielhaft auch darauf ein, warum Sie sich gegen bestimmte Figuren entschieden haben.
Die Schüler/-innen werden die Zahl der Personen sicher nicht so stark reduzieren, wie es z. B. Arioli tut **(M 17/1/1)**. Wichtig ist, dass sie ihre Entscheidungen begründen. Dabei ist es allerdings nicht notwendig, die Entscheidung für Effi und Innstetten zu begründen. Obwohl sich durchaus die Frage stellen ließe, ob ein Einpersonenstück denkbar ist (siehe Rolf Hochhuths „Effis Nacht"; siehe Literaturverzeichnis). Bei Crampas könnte gegebenenfalls gefragt werden, ob und mit welcher Begründung auf ihn verzichtet werden könnte.

2. *Gestalten Sie die Anfangsszene einer Bühnenfassung, und erläutern Sie Ihre Entscheidungen.*
Die Schüler/-innen werden sich vermutlich sprachlich stärker vom Roman lösen. Interessant wird sein, ob bzw. wie weit sie Dialoge aus dem Roman übernehmen und wo sie den Schwerpunkt setzen.

3. *Vergleichen Sie die Ergebnisse der verschiedenen Gruppen miteinander.*
   a) Wie wurde mit der Vorlage umgegangen?
   b) Was sind Stärken bzw. Schwächen der einzelnen Versionen?
   c) Für welche Version würden Sie sich entscheiden, wenn Sie Intendant/-in eines Theaters wären?
   Antworten Sie begründend.
   Es ist wichtig, dass die Schüler/-innen Freiraum für die Auseinandersetzung mit den Ergebnissen ihres kreativen Arbeitens erhalten. Vor allem Aufgabe c) sollte ihnen deutlich machen, dass das Schreiben für die Bühne anderen Regeln folgt als das erzählende Schreiben. Um das Bewusstsein hierfür zu stärken, ist ein vergleichender Rückgriff auf die Ergebnisse der Arbeit mit M 3 denkbar.

Erläuterungen zu den Materialien

4. *Vergleichen Sie die Bühnenfassungen von Arioli, Rese und Kröck/Drexel miteinander. Gehen Sie dabei auf die folgenden Fragen ein:*
   a) *Wie gehen die Autor/-innen mit ihrer Vorlage um?*

Ann-Marie Arioli **M 17/1/1**	**Tatjana Rese** **M 17/1/2**	**Olaf Kröck, Cilli Drexel** **M 17/1/3**
– Fontanes Text wird zwar gekürzt, umgestellt und teilweise auf andere Personen verteilt, aber ansonsten beibehalten. – Der Schluss des Romans wird als Prolog an den Anfang gestellt. – Der Handlungsort wird wie im Roman beschrieben. – Unmittelbar anschließend wird Innstetten durch Effis Erzählung eingeführt. – Einen Teil dessen, was im Roman Effi über Innstetten erzählt, spricht dieser auf der Bühne selbst. – Die 1. Szene endet damit, dass Effi (von ihrem Vater) erfährt, dass Innstetten um ihre Hand angehalten hat.	– Fontanes Text wird zwar gekürzt, umgestellt und teilweise auf andere Personen verteilt, aber ansonsten beibehalten. – In einem Vorspiel ohne Dialog und ohne Partner/-in wird Effi eingeführt. Dies lehnt sich an Effis gymnastische Übungen im Garten an, löst sie aber aus dem Kontext. – Instetten erscheint gleich zu Beginn des 1. Bildes als handelnde Figur im Gespräch mit Effis Eltern über Effi. – „Effi komm!" ist nicht mehr Zuruf der Freundinnen, der Effi in die Kindheit zurückholen könnte, sondern Anweisung der Mutter, die Effi ins Erwachsenenleben holt. – Effi erfährt in Instettens Anwesenheit von dessen Heiratsantrag. – Das, was die Mutter Effi im Roman sagt, um ihr die Ehe schmackhaft zu machen, ist hier Text beider Elternteile. – Effi weiß zu diesem Zeitpunkt noch nichts über Instetten. Sie spricht den Text der Freundinnen. – Dass es eine Beziehung zwischen Instetten und ihrer Mutter gab, erfährt Effi erst nach der Verlobung. – Einige Vorausdeutungen werden übernommen.	– Fontanes Text wird zwar gekürzt, umgestellt und teilweise auf andere Personen verteilt, aber ansonsten beibehalten. – In einem Prolog reflektiert Effi über Liebe und (was allerdings nur für Zuschauer/-innen deutlich wird, die den Roman kennen) die Bedeutung Hohen-Cremmens für sie. – Die 1. Szene beginnt mit einer Vorausdeutung auf Effis Ende. – Innstetten wird in einem Gespräch zwischen Effi und ihrer Mutter eingeführt. – In diesem Gespräch erfährt Effi von Innstettens Heiratsantrag. – Die handelnden Figuren „übernehmen" hier besonders viel Erzählertext. – Die Szene endet mit der Verlobung, über die nur in einem Satz berichtet wird.

b) *Welche Konsequenzen ergeben sich Ihrer Ansicht nach aus den jeweiligen Rollenentscheidungen?*
   Zum Teil sind hier zwangsläufig nur begründete Vermutungen möglich, da die Materialien nicht alle Figuren in Aktion zeigen, das erscheint aber vertretbar, weil es in erster Linie darum gehen soll, die Schüler/-innen an die Problematik des Transfers in ein anderes Medium heranzuführen.
   Arioli: Wie sich bereits im Prolog zeigt, muss vor allem Briest auch den Part anderer Romanfiguren und des Erzählers übernehmen. Das bedeutet eine Komprimierung, könnte jedoch zu Irritationen des Publikums führen.
   Rese: Wenn der Chinese als Person auf der Bühne erscheint, macht es ihn – zumindest in der konkreten Situation – real. Er existiert dann gegebenenfalls nicht nur in Effis Fantasie und Alpträumen. Wenn die Freundinnen nicht als Einzelpersonen, sondern als Chor auftreten, erhalten sie vermutlich eine kommentierende Funktion.
   Kröck/Drexel: Das Erscheinen von Wüllersdorf dürfte die Ebene der kritischen Reflexion verstärken.

c) *Welches Bild der handelnden Personen entsteht in den verschiedenen Anfangsszenen?*
   Die Erarbeitung der Antworten könnte sowohl innerhalb der jeweiligen Stücke erfolgen als auch im Vergleich der einzelnen Personen zwischen den Stücken.

Erläuterungen zu den Materialien

Arioli
Für Briest lässt sich diese Frage kaum beantworten, da er auch andere Rollen übernehmen muss. Sonst könnte man ihn im Prolog als geistig Verwirrten wahrnehmen, der Selbstgespräche führt. Möglicherweise geschieht das zunächst tatsächlich und wird sich dann nur bedingt korrigieren lassen.
Effi wirkt weniger frei und natürlich als im Roman, sondern eher altklug.
Dadurch dass Innstetten in der Eingangsszene einen Teil der Sachinformationen über seine Person selbst spricht, verstärkt sich möglicherweise der Eindruck des nüchternen Karrieristen.

Rese
Effi wirkt vor allem im Vorspiel ausgelassen, freiheitsliebend, natürlich, kindlich, aber vielleicht geistig etwas schlicht, wenn man sieht, wie sie auf das „Stichwort" Kessin reagiert.
Effis Mutter macht im 1. Bild stärker als im Roman den Eindruck, als preise sie ihre Tochter wie eine Ware an.
Instetten scheint von Effis Natürlichkeit fasziniert, die hier vielleicht etwas mehr andressiert wirken könnte als im Roman. Wenn man seine Position kritisch betrachtet, könnte man ihn jedoch als Kunden sehen, der eine Ware begutachtet.
Briest erscheint zunächst gelassen distanziert. Dadurch, dass er einen Teil der Nachricht von Instettens Heiratsantrag spricht, wird er mehr Teil des „Geschäfts" und damit kritischer gesehen als im Roman.

Kröck / Drexel
Effi wirkt romantisch, naiv, aber auch berechnend.
Frau von Briest wirkt karrierebewusst.
Innstetten kann hier vielleicht eher als im Roman als Opfer der karrierebewussten Luise von Belling / Briest gesehen werden.
Briest spricht hier nur Erzählertext und lässt sich so nicht charakterisieren.

d) *Wie stellen Sie sich die weitere Darstellung des Geschehens vor?*
Da die Ereignisse im Grundsatz aus dem Roman bekannt sind, kann es nicht die Frage sein, was überhaupt geschieht, sondern welche Vorstellungen die Schüler/-innen hinsichtlich der Auswahl von Ereignissen haben. Sie werden berücksichtigen müssen, wie stark die Romanhandlung komprimiert wird und wie weit das in den Anfangsszenen gezeichnete Bild der Figuren den Handlungsfortgang beeinflussen muss. Zu beachten ist, dass zumindest zwei Versionen Gieshübler auftreten lassen.

e) *Welche Version ist für Sie die überzeugendste?*
Antworten Sie begründend. Gehen Sie dabei auch darauf ein, was für Sie (eher) gegen die anderen Versionen spricht.
Die Schüler/-innen werden sich vermutlich am ehesten gegen Ariolis Version aussprechen, weil hier das Bühnenpersonal sehr stark reduziert wird, was zu „Unübersichtlichkeit" zu führen scheint. Hier könnte die Frage nach der Wahrnehmung durch bzw. Wirkung auf ein Publikum, das den Roman nicht kennt, angeschlossen werden. Generell lässt sie sich bei jeder Bühnenadaption stellen, ist vor dem Hintergrund der recht kurzen Auszüge aber kaum konkret zu beantworten.

5. *Beschreiben Sie die Unterschiede zwischen Roman und Bühnenstück(en) in der Wirkung auf das Publikum.*
Der Roman hat – obwohl auch Fontane dort häufig sehr rafft – mehr „Ruhe", um Orte und Personen einzuführen und zu entwickeln. Die Bühnenfassungen könnten als überhastet wahrgenommen werden, was allerdings vielleicht vor allem für Zuschauer/-innen gilt, die den Roman kennen. Er scheint dem Publikum, trotz gelegentlich deutlicher Aussagen des auktorialen Erzählers, mehr Raum zu lassen, um sich ein eigenes Urteil zu bilden. Vergleicht man im Einzelnen, werden Akzentverschiebungen in der Personendarstellung erkennbar (siehe Aufgabe 4 c).

Erläuterungen zu den Materialien

Ein Roman auf der Bühne
(Ein Interview mit Ann-Marie Arioli und Olaf Kröck)

M 17/2

Zu den Aufgaben:

1. *Fassen Sie die wesentlichen Aussagen von Arioli und Kröck zu den Themen „Romanadaption für die Bühne allgemein" und „‚Effi Briest'-Adaption im Besonderen" zusammen.*

   Das Interview ist bewusst nicht gekürzt worden, um es den Schülerinnen und Schülern zu ermöglichen, die Arbeit mit einem längeren Sachtext zu trainieren. Bei einem so umfangreichen Material werden die Schüler/-innen zunächst klären müssen, was für sie „wesentlich" heißt. Es könnte sinnvoll sein, hier in zwei Schritten zu arbeiten: Zunächst ein Zusammentragen der als wesentlich angesehenen Aussagen und dann das Anfertigen einer zusammenhängenden Darstellung der Ergebnisse. Diese sollte dann nicht der Chronologie des Interviews folgen. Die Schüler/-innen sollten erkennen, dass Aussagen gelegentlich im Verlauf des Interviews variiert werden, sollten jedoch Wiederholungen vermeiden.

Adaption von Romanen für die Bühne

- Regisseurinnen und Regisseure erheben den Anspruch, sich Stoffe selbst für die Bühne zu erarbeiten.
- Bekannte Stoffe locken Publikum.
- Bühnenadaptionen von Romanen sind kein neues Phänomen.
- Alle interessanten Vorlagen dürfen auf die Bühne übertragen werden.
- Es ist nicht so, dass nur „theaterfremde" Texte auf die Bühne gebracht würden.
- Es bedeutet eine Herausforderung, Romanstoffe in ein anderes Medium zu transferieren.
- Bühnenadaptionen erzwingen Veränderungen, Kürzungen sind damit Interpretationsangebote.
- Bühnenadaptionen können das Lesen eines Romans nicht ersetzen.
- Ein Roman muss eine sprechbare Sprache sowie einen überschaubaren Handlungs-, Zeit- und Personenrahmen anbieten.
- Die Fantasie des Publikums muss Freiräume behalten.
- Der Romanautor ist immer der Schöpfer eines Stoffes, hinter dem die Autorinnen und Autoren einer Bühnenadaption zurücktreten.
- Eine Aktualisierung darf die Vorlage nicht überstrapazieren.

‚Effi Briest'-Adaption

- Zunächst musste eine Entscheidung über die Personenzahl getroffen werden.
- Es muss entschieden werden, wie mit dem Erzählertext umgegangen wird.
- Wenn es wie bei der Aachener Version dazu kommt, dass eine Figur verschiedene Rollen übernimmt, muss es für das Publikum von Beginn an deutlich sein.
- Es geht nicht darum, dass die Interpretationsangebote des Theaters dem Publikum gefallen.
- Eine Bühnenadaption von „Effi Briest" ist sinnvoll, weil der Roman aktuell ist.
- Vieles, das im 19. Jahrhundert als kritikwürdig angesehen/dargestellt wurde, ist heute noch zu beobachten.

---

2. *Vergleichen Sie Ihre Ergebnisse zur Deutung des Romans mit den Überlegungen von Arioli und Kröck.*

   Ergebnisse lassen sich nur bedingt antizipieren, da die vorliegenden Materialien nur ein Deutungsangebot machen, das sich nicht mit den Unterrichtsergebnissen decken muss. Es müssten aber folgende Gemeinsamkeiten herausgearbeitet werden:

   - Der Stoff ist auch heute aktuell.
   - Fontane geht es nicht zentral um Gesellschaftskritik, sondern darum zu zeigen, wie ein Mensch am Druck der Gesellschaft zerbricht, deren Regeln er übernommen hat.
   - Effi ist nicht in der Lage, die Verantwortung für ihr Leben zu übernehmen.
   - Es gibt keine eindeutige Antwort darauf, wo Effi Opfer ist und wo sie selbst für ihr Schicksal verantwortlich ist.

Erläuterungen zu den Materialien

Die Aussage Ariolis, dass Innstetten und Crampas nur zwei Ausformulierungen derselben Figur für Effi seien, dürfte als wesentlicher Unterschied herausgearbeitet werden. Daneben könnte Effis Anteil an der Verantwortung für ihr Scheitern stärker betont und konkretisiert werden.

3. *Wählen Sie eine besonders interessierende Aussage aus dem Interview aus, und nehmen Sie dazu begründend Stellung.*
Die Schüler/-innen erhalten so die Möglichkeit, je nach Interessenlage ihre eigenen Schwerpunkte zu setzen. Dabei bieten sich drei Themenkomplexe an: „Romanadaption für die Bühne", „Adaption von ‚Effi Briest'", Deutung des Romans. Es ist denkbar, die Aufgabe zu modifizieren und eine gemeinsame Fragestellung ins Zentrum zu stellen. Entscheidend ist, dass die Schüler/-innen begründend argumentieren.

Im Banne des Chinesen
(Bilder aus der Inszenierung des Schauspiel Essen, Grillo Theater, 2008)

M 17/3

Zu den Aufgaben:

1. *Beschreiben Sie die Situation auf Bild 1.*
Das Foto zeigt eine offenbar völlig verängstigte Effi, zusammengekauert auf einem Sessel, umgeben von drei Personen (zwei Männern, einer Frau), die Pappmaché-Masken tragen, die sie zu Chinesen machen. Zwei der Masken haben eher neutrale Gesichtszüge, die dritte (die der Frau) wirkt verbittert und aggressiv. Die drei „Chinesen" tragen die Kleidung von Innstetten, Gieshübler und Roswitha. Der „Innstetten-Chinese" trägt in einer Hand ein Beistelltischchen mit einer Vase und einem Blumenstrauß, sein Blick geht mehr oder weniger geradeaus ins Leere. „Gieshübler" sitzt mit gekreuzten Unterarmen auf der Lehne von Effis Sessel und hat den Kopf leicht, nachdenklich gesenkt. „Roswitha" sitzt schräg links vor Effi, offenbar ebenfalls auf der Lehne eines Sessels, hat die Hände im Schoß liegen und scheint ins Publikum zu blicken. Keiner der „Chinesen" beachtet Effi.

2. *Untersuchen Sie, wie der Chinese hier gedeutet wird.*
Wenn „der Chinese" tatsächlich auf der Bühne erscheint, fällt es sicher schwerer, seine Existenz in Frage zu stellen. Da auf der Bühne jedoch kein/e „echter/echten" Chinese/n erscheint/erscheinen, sondern Maskenträger, können sie nach wie vor als Albtraum Effis gedeutet werden. Dieser Albtraum konkretisiert sich jedoch dadurch, dass diese Masken von Innstetten, Gieshübler und Roswitha getragen werden.
So wird erkennbar, was Effi tatsächlich belastet. Es sind nicht nur die Werte und Normen, die Innstetten vertritt, sondern es ist das gesamte Spektrum bürgerlichen Lebens und gesellschaftlicher Verpflichtungen. Aus diesem bricht Gieshübler ganz sicher nicht aus, und Roswitha, die natürlich auch die Verpflichtungen Effis gegenüber Annie repräsentiert, ebenso wenig. Auf der einen Seite wird der Druck auf Effi verstärkt, auf der anderen Seite relativiert diese Deutung die „Ausnahmestellung" Innstettens.

3. *Gestalten Sie, ausgehend von Bild 1, eine kurze Spielszene.*
Die Spielszene wird hier bewusst der kritischen Stellungnahme vorangestellt, weil die Deutung durch das eigene Spiel vertieft wird. Die Schüler/-innen haben die Möglichkeit, die Konsequenz ihrer Analyseergebnisse im Spiel zu erproben.
Es gibt strukturell verschiedene Möglichkeiten der Gestaltung: eine reine Pantomime, ein Monolog Effis, alle vier Figuren sprechen – was nicht Dialog bedeuten muss; in jedem Fall ist die spielerische Interaktion zwischen Effi und den „Chinesen" wichtig.
Sprechende „Chinesen" gingen deutlich über das im Roman Erzählte hinaus, böten jedoch die Gelegenheit zur Zuspitzung, da deutlicher benannt werden könnte, was/welche Normen Effi bedrängt/bedrängen. In dieser Konstellation müssen die Schüler/-innen zwangsläufig den Deutungsansatz des Theaters aufgreifen, denn die „Anwesenheit" der „Chinesen" lässt sich nicht leugnen bzw. ignorieren.

Erläuterungen zu den Materialien

4. *Nehmen Sie kritisch Stellung zu dieser Deutung.*
Die Schüler/-innen werden dieser Deutung voraussichtlich skeptisch gegenüberstehen; zum einen, weil sie die Existenz des Chinesen real zu machen scheint, zum anderen, weil so auch die – fast – einzigen Personen und deren Werte zu einer Bedrohung für Effi werden, die im Roman als zweifelsfrei mit ihr befreundet und ihr wohlgesonnen wahrgenommen werden.
Zu fragen ist dann auch – allerdings in Unkenntnis des Essener Deutungsangebots – welche positive Alternative für Effi bleibt. Wenn der Bogen zurück zu **M 9/2** und dem Essener Foto mit Effi und Crampas geschlagen wird, könnte es Crampas sein. Ob er das allerdings nach dem Roman tatsächlich sein kann, erscheint zweifelhaft.

Ein Bild von Effi II

M 18

Diese Aufgabe ermöglicht in einem kreativen Zugriff eine abschließende Auseinandersetzung mit der Titelfigur des Romans. Die „Bedingungen" sind hier insofern andere als zu Beginn der Unterrichtsarbeit (M 1), als die Schüler/-innen sich hier in eine der Romanfiguren hineinversetzen, Effi Briest also aus einer ganz anderen Perspektive betrachten mussten.
Es wäre denkbar und sicher nicht uninteressant, alternativ oder ergänzend an dieser Stelle noch einmal auf M 1 zurückzugreifen und zu fragen, ob die Schüler/-innen am Ende der Beschäftigung mit dem Roman an ihrer anfänglichen „Casting"-Entscheidung festhalten würden. Es ist damit zu rechnen, dass es Veränderungen gibt/gäbe. Die Antworten müssten auch hier begründet werden.

Zu den Aufgaben:

1. *Versetzen Sie sich in die Situation von Effis Tochter Annie, die als erwachsene Frau über ihre Mutter nachdenkt, und gestalten Sie einen Tagebucheintrag, in dem sie diese Gedanken formuliert.*
Sie müssen nicht versuchen, die Sprache der Zeit nachzuempfinden.
Annie könnte sich ablehnend äußern, es ist aber auch vorstellbar, dass sie mit Verständnis oder sogar Mitleid an ihre Mutter zurückdenkt. Grundsätzlich ist das natürlich u. a. davon abhängig, wie sich ihr eigenes Leben entwickelt hat, es sollte allerdings von den Schülerinnen und Schülern nicht gefordert werden, eine Biografie Annies zu entwerfen. Die Gründe für Annies Urteil sollten aus ihren Aussagen erschließbar sein.

2. *Erläutern Sie, warum Sie der Ansicht sind, dass Annie so schreiben würde. Erklären Sie auch, für welches Alter Annies Sie sich aus welchen Gründen entschieden haben; sie sollte frühestens zu Effis 10. Todestag schreiben.*
Auch wenn die Gründe für Annies Urteil aus ihren Aussagen erschließbar sein sollten, sollten die Schüler/-innen ihre Überlegungen noch einmal reflektiert darstellen.

Marcel Reich-Ranicki: Brauchen wir einen Kanon?

M 19

Der Text von Marcel Reich-Ranicki soll als Ausgangspunkt zu einer abschließenden Auseinandersetzung mit der Frage nach der Bedeutung des Romans – und älterer Literatur ganz allgemein – für heutige (jugendliche) Leser/-innen dienen.

Zu den Aufgaben:

1. *Fassen Sie Reich-Ranickis Gedanken zu Sinn und Nutzen eines Literaturkanons und von Literatur generell zusammen.*
Reich-Ranicki befürwortet einen Literaturkanon als Orientierungshilfe, als Wegweiser, nicht als Pflichtkatalog. Grundsätzlich sollen alle lesen können, was sie wollen. Ein wichtiges Argument für einen Kanon ist für ihn die zunehmende Unübersichtlichkeit des riesigen Buchangebots. Neben der Frage nach dem Sinn eines Kanons stellt Reich-Ranicki auch die grundsätzliche nach der Notwendigkeit von Literatur. Für ihn ist Literatur etwas Selbstverständliches und Notwendiges. Dabei stehen „Belehrung und Erbauung" nicht im Vordergrund. Lesen bedeutet für Reich-Ranicki Glück.

Erläuterungen zu den Materialien

2. *Teilen Sie Reich-Ranickis Ansichten?*
   Nehmen Sie begründend Stellung und skizzieren Sie mögliche Konsequenzen.

   Reich-Ranickis Ansichten werden vermutlich keine ungeteilte Zustimmung finden, könnten bei sachlicher Betrachtung aber nachvollziehbar sein. Eine denkbare Konsequenz wäre ein anderer Literaturunterricht, der mehr Lesen einfordert; vermutlich bis zu einem gewissen Grad anstelle von Analyse. Eine andere Konsequenz könnte sein, Informationen über Literatur attraktiver und auch einem jungen Publikum zugänglicher zu präsentieren. Die Stellungnahmen sollten sich nicht nur mit dem Thema „Literaturkanon" befassen, sondern auch mit der Frage nach der Notwendigkeit von Literatur. Schüler/-innen könnten da den Standpunkt vertreten, dass das, was Literatur für Reich-Ranicki bedeutet, auch von audiovisuellen Medien geleistet werden kann.

3. *Würden Sie „Effi Briest" in einen Literaturkanon aufnehmen?*
   Antworten Sie begründend.

(denkbare) Argumente für „Effi Briest"	(denkbare) Argumente gegen „Effi Briest"
– Der Roman ist ein literarhistorisch bedeutendes Werk, er steht für einen Epochenumbruch. – Die Thematik des Romans ist auch heute noch aktuell. – Effi ist eine Figur, mit der man sich identifizieren kann und deren Schicksal sich auf heute übertragen lässt. – Der Roman vermittelt einen interessanten Einblick in literarisches Handwerk.	– Der Roman ist zu weit von heutigen Lebenserfahrungen entfernt, ein Transfer ist nicht möglich. – Die Figuren des Romans langweilen ebenso wie die Thematik. – Der Roman ist zu komplex und zu schwierig zu lesen.

Erläuterungen zu den Klausuren

Gründe für Effi Briests Untergang

Klausur 1

Zu den Aufgaben:

1. *Geben Sie Harströms zentrale Überlegungen wieder, und erläutern und veranschaulichen Sie sie anhand ausgewählter Beispiele aus dem Roman.*
Laut Harström gibt es mehrere Erklärungen für Effis Untergang.
Er sieht sie in
   – Effis Auffassung von Liebe und Ehe,
   – ihrer Beziehung zu ihren Eltern,
   – ihrer psychischen Veranlagung.
Bei der Veranschaulichung sollten die Schüler/-innen sich nicht auf die Beispiele beschränken, die Harström selbst schon relativ deutlich anspricht. Dabei muss es darum gehen, markante Beispiele auszuwählen, nicht darum, die Entwicklung in ihrer vollen Breite darzustellen.

2. *Nehmen Sie begründend Stellung zu Harströms Schlussfolgerung, „dass es nicht ausreichend ist, nur den Ehrenkodex der Adelsschicht der preußischen Gesellschaft als Grund für Effis Untergang zu sehen".*
Auf der Grundlage von Harströms Argumentation und der Arbeitsergebnisse aus dem Unterricht müssten die Schüler/-innen der Schlussfolgerung zustimmen, könnten sie gegebenenfalls sogar noch zuspitzen.

„Ruhe, Ruhe."
Effis Ende im Roman und auf der Bühne

Klausur 2

Die Texte der beiden in der Fußnote angesprochenen Versionen der Brentano-Ballade finden sich im Internet unter http://freiburger-anthologie.ub.uni-freiburg.de/fa/fa.pl?cmd=gedichte&sub=show&add=&print=1&spalten=1&id=1044

Zu den Aufgaben:

1. *Vergleichen Sie die Auszüge aus Roman und Bühnenfassung, und stellen Sie wesentliche Unterschiede dar.*
Der erste auffällige Unterschied zwischen Roman und Bühnenadaption ist, dass bei Rese auch Effis Vater in dieser Szene auftritt. Dass Effi sterben wird, wird erst nach der erzählten Erinnerung an das, was Innstetten einst vorgelesen hat (auch hier wieder eine durch Literatur geprägte Reaktion) angesprochen.
Für Effis Erklärung ihrer Versöhnungsgedanken übernimmt Rese nur das Allgemeine, Crampas und Annie werden nicht erwähnt. Während das Gespräch im Roman hier endet, wird es in dieser Bühnenfassung fortgesetzt. Wichtig hierbei ist, dass Briest so redet, als könne alles wieder in (eine) Ordnung kommen, und besonders die Mutter mit der Erwähnung der „Tochter der Luft" an Effis Kindheit erinnert. Die Schlusssätze des 23. Bildes stehen im Roman am Beginn dieses Gesprächs zwischen Effi und ihrer Mutter.
Die Schüler/-innen sollten erkennen, dass andere Aussagen an dieser Stelle vorher im Roman stehen, müssen sie aber nicht identifizieren (S. 246, Z. 32–35 [hier alles Worte der Mutter]; S. 237, Z. 13–17).
Das 24. Bild ist durch das Hinzufügen der Verse aus der Brentano-Ballade gegenüber der entsprechenden Romanstelle deutlich verändert.

2. *Erklären Sie, wie sich die Wahrnehmung der Situation bei Rese gegenüber Fontane verändert. Gehen Sie dabei vor allem auf das von Rese an den Schluss der Szene gesetzte Brentano-Gedicht ein.*
Wenn die Mutter zu Beginn der Szene von einer „dummen Geschichte" spricht, spielt sie die Beziehung zwischen Effi und Crampas scheinbar plötzlich herunter. Der Vater bleibt der Verständnisvolle, die Mutter bleibt eher kritisch. Wenn sie wie zu Beginn des Romans von Effi als „Tochter der Luft" spricht, macht dies Effi noch deutlicher als im Roman wieder zum liebenswürdigen und natürlichen Kind.
Das Ende des 23. Bildes zeigt Briest als einen Menschen, der das Offensichtliche verdrängt, weil es nicht in sein Bild passt.
Dadurch, dass Effi ihre Todessehnsucht an dieser Stelle artikuliert, wird sie betont. Die Umstellungen verlagern das Schwergewicht in dieser Passage, das im Roman mehr auf der „Versöhnung" liegt.

Erläuterungen zu den Klausuren

Der Schluss des 24. Bildes muss nicht als Tod Effis gedeutet werden, vielleicht ist er „nur" als endgültiges Ausscheiden aus der Gesellschaft zu sehen. Es zeigt dies vielleicht noch deutlicher als Effis Entscheidung, als dies der Roman tut. Auf jeden Fall betont der Auszug aus der Brentano-Ballade Effis Vereinsamung als zentrales Thema.

3. *Wie beurteilen Sie die Änderungen, die Rese vornimmt? Nehmen Sie begründend Stellung.*

Da Schüler/-innen eher konservativ reagieren, werden sie die Änderungen voraussichtlich mehrheitlich negativ beurteilen. Entscheidend ist letzten Endes, dass und wie – auch wie detailgenau z. B. hinsichtlich der Darstellung der Eltern – sie argumentieren.

Insgesamt dürften sie Vereinsamung als zentrales Thema des Stoffes nicht ablehnen.

Aktualität und Bühnenadaption   Klausur 3

Zu den Aufgaben:

1. *Fassen Sie Reses Überlegungen zusammen, und erläutern Sie wesentliche Aspekte.*

    „Effi Briest" ist für Rese heute aktuell, weil der Roman eine Geschichte von Verdrängung und Wegschauen und dem Leben nach eigentlich abgelehnten Regeln erzählt.

    Aktualität ist für sie die Voraussetzung, um sich mit einem älteren Stoff zu beschäftigen. Als Schülerin hat sie diese Aktualität, die Bezüge zum eigenen Leben nicht gesehen. Heute ist Effi für Rese eine Identifikationsfigur.

    Die Bearbeitung des Stoffes für die Bühne bedeutet Einschränkungen, z. B. Reduzierung der Erzählzeit und der Figuren. Das Tempo wird in der Bearbeitung schneller, die Sprache sollte beibehalten werden. Die Fremdheit ermögliche es, bestimmte Aussagen neu zu entdecken.

    Reduzierung bedeutet Pointierung. „Effi Briest" ist für Rese die Geschichte eines jungen Mädchens, das in eine fremde Welt gestoßen wird, in der es vereinsamt und in Ängste fällt.

    Effi wehrt sich gegen diese Welt und flieht in die Beziehung mit Crampas. Der Umzug nach Berlin bringt neue Hoffnungen, die sich letztlich nicht erfüllen; Ehemann und Eltern verstoßen Effi nach dem Entdecken der Beziehung zu Crampas.

    Die Eltern sind für Rese wesentlich für Effis Schicksal verantwortlich, da sie sie nicht auf die Welt vorbereitet haben, in die sie sie durch die Ehe mit Innstetten schicken.

    Die Erläuterung muss sich wesentlich auf inhaltliche Aspekte beziehen. Hier muss gezeigt werden, worauf sich Rese konkret bezieht bzw. beziehen könnte.

    Die Überlegungen zur Bühnenbearbeitung lassen sich auf der Basis des aus dem Unterricht bekannten kurzen Auszugs nicht näher erläutern.

2. *Ist Reses Entscheidung, „Effi Briest" für die Bühne zu bearbeiten, für Sie nachvollziehbar? Nehmen Sie begründend Stellung; gehen Sie dabei u. a. auf den Schlussabsatz ein.*

    Entscheidend ist nicht, wie die Schüler/-innen antworten, sondern wie sie begründen. Da die Arbeit im Unterricht auch die Bedeutung des Romans für heutige Leser/-innen thematisiert, ist eine positive Antwort wahrscheinlicher. Fraglicher ist jedoch, ob die Schüler/-innen Effi als (mögliche) Identifikationsfigur sehen. Das wird eher die Ausnahme sein.

    Noch größer dürfte die Distanz zu Reses Überlegungen zur Sprache des Romans sein.

Erläuterungen zu den Klausuren

„Wie findest du Effi?"
Effis Eltern im Gespräch, September 1880

Klausur 4

Zu den Aufgaben:

1. *Analysieren und interpretieren Sie das Gespräch von Effis Eltern, indem Sie es in den Kontext des Romans einordnen, beschreiben, wie die Eltern Effi sehen, und erklären, warum diese zu diesen Überlegungen kommen.*

   Das Gespräch findet statt, während Effi sich nach dem Urlaub mit Innstetten in Hohen-Cremmen aufhält. Das Ehepaar lebt zu dem Zeitpunkt ein gutes Vierteljahr in Berlin, was für Effi nach ihrer Affäre mit Crampas ein Neubeginn sein soll. Dieser wurde durch den Rügen-Aufenthalt belastet, der auf Effis Wunsch abgebrochen wird.

   Es bereitet Briest Sorgen, dass sich Effi an ihr Elternhaus zu klammern und Mann und Tochter zu vernachlässigen scheint. Er meint zu erkennen, dass Effi Innstetten nicht (wirklich) liebt, und fürchtet negative Folgen. Er kann nicht wissen, dass er mit seinen Befürchtungen etwas beschreibt, was bereits geschehen ist. Teilweise ergeben sich Briests Überlegungen aus der Beobachtung seiner Tochter, teilweise aus allgemeinen Erfahrungen.

   Während sich sonst gelegentlich Briest vor der intensiveren Beschäftigung mit Problemen zu „drücken" versucht („weites Feld") und auch in diesem Gespräch nicht immer klar Stellung bezieht (S. 182, Z. 20–24), ist es hier seine Frau. Effi hat sich ihr allerdings auch nicht so geöffnet, wie es ihr notwendig erscheint, um antworten zu können. Frau von Briest sieht ihre Tochter durchaus kritisch, erkennt in ihrem Charakter Gefahren, die Briest nicht so gern wahrhaben möchte.

   Die Situation habe sich allerdings nach dem Umzug nach Berlin gebessert.

2. *Zeigen Sie, dass die Sorgen des Vaters berechtigt sind.*

   Die Fixierung Effis auf ihr Elternhaus, das ihr als Paradies erscheint, hat sich schon vor Annies Geburt gezeigt und bestätigt sich spätestens, als die Eltern Effi nach der Trennung von Innstetten die Rückkehr verbieten (siehe auch **M 5**).

   Die schwierige (Nicht)Beziehung zu Annie zeigt Fontane im Grunde schon dadurch, dass das Kind im Roman kaum in Erscheinung tritt; wenn doch, kümmert sich Roswitha mehr als die Mutter.

   Was die Beziehung zu Innstetten angeht, genügt vielleicht schon der Hinweis auf Effis Verhältnis mit Crampas (ansonsten siehe auch **M 10**).

3. *Erläutern Sie, ausgehend von dem vorliegenden Beispiel, die erzähltechnische Funktion der Gespräche in diesem Roman.*

   Es geht hier nicht darum, neue Ergebnisse zu erarbeiten, sondern darum, das im Zusammenhang mit **M 8** Erarbeitete am Beispiel zu erläutern.

   Das vorliegende Gespräch dient vor allem der Reflexion, aber auch der Charakterisierung Effis.

Erläuterungen zu den Klausuren

„Ich fühle, dass dies alles nichts ist."
Ein Gespräch zwischen Innstetten und Wüllersdorf, Mai 1890

Klausur 5

Zu den Aufgaben:

1. *Analysieren und interpretieren Sie das Gespräch zwischen Innstetten und Wüllersdorf, indem Sie das Gespräch in den Kontext des Romans einordnen, die Haltung der beiden Gesprächspartner beschreiben und diese erklären.*

   Das Gespräch findet fast drei Jahre nach der Trennung Innstettens von Effi statt. Nach ihrem Zusammenbruch nach dem gescheiterten Treffen mit Annie wohnt Effi inzwischen seit einem halben Jahr wieder in Hohen-Cremmen.

   Innstetten hat soeben brieflich von einer erneuten Beförderung erfahren, über die er sich nicht freuen kann, und hat einen weiteren Brief gelesen, dessen Inhalt den Leserinnen und Lesern unbekannt ist, der Innstetten an sein verlorenes Glück denken lässt.

   Wüllersdorf kommt zu Innstetten, um ihm zu seiner Beförderung zu gratulieren, trifft aber auf einen Freund, der nur noch Leere empfindet. Der Brief Roswithas, mit der Bitte um Rollo, hat Innstettens Resignation verstärkt. Er sieht sein Leben seit der Trennung von Effi als wertlos und gescheitert an. Die Schuld für die Zerstörung seines Lebens sieht Innstetten in den inzwischen als falsch empfundenen/erkannten Anforderungen der Gesellschaft, denen er am liebsten durch eine „Flucht" nach Afrika entgehen möchte. Wüllersdorf lehnt eine solche Lösung ab.

   Er verteidigt damit nicht die bestehende Gesellschaft, unter der seiner Ansicht nach alle leiden, sondern plädiert für einen Rückzug ins Private. (Hierbei ist es nicht zu verlangen, dass die Schüler/-innen den Hinweis auf Kaiser Friedrich III. deuten, vom dem sich viele Menschen Reformen erhofft hatten, der aber 1888 nach nur 99-tägiger Herrschaft an Kehlkopfkrebs starb. Der Verweis auf Friedrich III. könnte als Erinnerung an den ihm zugeschriebenen Satz „Lerne leiden, ohne zu klagen." zu verstehen sein.)

   Das kurz vorher geäußerte „In der Bresche stehen und aushalten, bis man fällt, das ist das Beste." könnte allerdings mehr als tragisches Heldentum denn als resignativer Rückzug gedeutet werden. In jedem Fall kennzeichnet es Innstetten eher als Opfer.

   Der von Wüllersdorf beschriebene Rückzug ins Private soll zumindest ein „kleines Glück" ermöglichen, wenn denn das große unwiederbringlich verloren ist.

2. *Stellen Sie sich vor, dass ein weiteres Gespräch zwischen Innstetten und Wüllersdorf stattfindet, nachdem Innstetten von Frau von Briest die Nachricht von Effis Tod und von ihrer „Versöhnung" mit ihm erhalten hat. Gestalten Sie das Gespräch.*

   Wie auch immer die Schüler/-innen dieses Gespräch verlaufen lassen, zwingend ist zu erwarten, dass aus ihm hervorgeht, wie Innstetten mit Effis „Versöhnungsangebot" umgeht; z. B. ob er dadurch tatsächlich versöhnt ist und in der Folge wieder Freude am Leben finden wird, ob ihn Effis Tod noch mehr belastet, ob er die „Versöhnung" als Rache sieht und wie er damit umgeht.

   Aus dem Gespräch könnte außerdem hervorgehen, ob Innstetten den von Wüllersdorf im letzten Gespräch aufgezeigten Weg geht.

3. *Erläutern Sie Ihre Produktionsüberlegungen: Warum findet das Gespräch so statt?*

   Die Erläuterungen müssen nicht jedes Detail aufgreifen, aber zumindest die wesentlichen inhaltlichen und formalen Entscheidungen.

   Das Erklärte muss sich im Gespräch wiederfinden und darf nicht Gedanken erläutern, die nicht umgesetzt wurden.

   Je nach Klausurdauer kann gegebenenfalls auf diese Aufgabe verzichtet werden. Sie kann allerdings eine wesentliche Hilfe für die Bewertung sein.

Kurzbiografien / Literatur

Kurzbiografien

Ann-Marie Arioli

geboren 1969; schweizer Regisseurin und Dramaturgin

Siegfried Baron

geboren 1941; Photograph, Graphiker, Maler, Lyriker

Arnold Böcklin

1827 bis 1901; schweizer Maler, viele seiner Bilder zeigen mythische Figuren in geheimnisvollen Landschaften. Diese Motive werden häufig genutzt, um psychologische Tiefenschichten im Verhältnis zwischen den Geschlechtern sichtbar zu machen.

Cilli Drexel

geboren 1975; Schauspielerin und Regisseurin

Theodor Fontane

1819 bis 1898; wesentliche biografische Daten finden sich am Ende der Textausgabe

Olaf Kröck

geboren 1971; Regisseur und Dramaturg

Richard David Precht

geboren 1964; Philosoph, Publizist, Autor

Marcel Reich-Ranicki

geboren 1920; Literaturkritiker, Essayist, Herausgeber; zahlreiche Preise und Ehrungen

Tatjana Rese

geboren 1956; Regisseurin, Autorin, betreibt neben der künstlerischen Arbeit ein Autoren- und Theaterbüro

Es ist leider nicht gelungen, biografische Informationen zu allen Verfasserinnen und Verfassern zu finden.

Literatur

Verwendete Textausgabe:
Fontane, Theodor: Effi Briest, Husum (Hamburger Lesehefte Verlag – 171. Hamburger Leseheft) o. J.

Chambers, Helen: Theodor Fontanes Erzählwerk im Spiegel der Kritik. 120 Jahre Fontane-Rezeption. Übersetzt aus dem Englischen von Verena Jung, Würzburg (Verlag Königshausen & Neumann) 2001

Fontane, Theodor: Briefe in zwei Bänden, ausgewählt und erläutert von Gotthard Erler, München (Nymphenburger Verlagshandlung) 1981

Grawe, Christian; Nürnberger, Helmut (Hrsg.): Fontane-Handbuch, Stuttgart (Kröner Verlag) 2000

Hochhuth, Rolf: Effis Nacht, Reinbek bei Hamburg (Rowohlt) 1999
Die Figur in Hochhuths Bühnenmonolog ist die neunzigjährige Elisabeth von Ardenne, Fontanes „Vorbild" für Effi, die auch auf den Roman zurückblickt.

Keisch, Claude; Schuster, Peter-Klaus; Wullen, Moritz: Fontane und die bildende Kunst, Berlin (Henschel Verlag), Staatliche Museen zu Berlin 1998